Lothar Baier · Ostwestpassagen

Lothar Baier

OSTWESTPASSAGEN

Kulturwandel – Sprachzeiten

Büchergilde Gutenberg

INHALT

*Die Kulturen gehen in die Richtung geschicht-
licher Beschleunigung, was ein Gemeinplatz
geworden ist. Die ausgedehnten Zeitstränge,
die einst langsame und in die Tiefe dringende
Ablagerungen ermöglichten, sind nicht mehr an
der Zeit. Sie ließen unbemerkte, um so folgen-
reichere Berührungen zu, deren Wechselwirkung auf der Stelle weder erahnt noch bewertet
werden konnte; so wie die Beschleunigung uns
heute zerstreut und in unseren Augen die
Stränge der Kausalität zerfasern läßt, deren
Mechanismus wir hätten aufspüren können.
Die Ergebnisse der unbemerkten Berührung
setzten sich wie ursprüngliche Elemente durch,
so als seien sie einzig von der inneren Bewegung
einer bestimmten Kultur hervorgerufen worden,
einer nicht endenden und nicht definierbaren
Bewegung.*

Édouard Glissant, Poétique de la Relation[1]

EINLADUNG ZUM ZEITSTRANDBUMMEL

Die Allergien nehmen zu, von der Krankheit Reisefieber hört man jedoch nichts mehr. Reisen macht Spaß und bereitet keine Pein, die sich mit verborgener Lust vermischt, wie beim Fieber. Zugelassen sind allenfalls noch die unangenehmen Folgen des Jetlag nach dem Transatlantikflug, doch sie lassen sich mit Medikamenten und Lichttherapien bekämpfen. Auf Reisen bis zur Sprachlosigkeit durcheinandergeraten, so wie man laut einem russischen Sprichwort beim Tanzen stolpert, sobald man sich vom Feuer entfernt, das kommt nicht mehr vor. Reisen macht nicht mehr krank, nicht weil die Krankheiten besiegt wären, sondern weil das Reisen selbst eingegangen ist. Im Tourismus hat es Unterschlupf gesucht und sich dabei von ihm verschlucken lassen. Der Tourismus ist selbst die Krankheit, die die Reisepein abgelöst hat, eine »Epilepsie der Seßhaftigkeit«, wie der Montréaler Schriftsteller Pierre Monette sagt: »Man fährt nicht weg, um andere Länder zu sehen, sondern um das Heimkommen zu genießen.«[1] Tourismus hängt eng mit der Warenproduktion zusammen, nicht nur in dem vordergründig ökonomischen Sinn, daß er eine Industrie geworden ist, die sich überall dort breit macht, wo es nichts anderes mehr zu produzieren gibt. Sein Antrieb scheint mir eine verstohlene Eifersucht auf die Dinge zu sein, die wir täglich gebrauchen und die schon so weit in der Welt herumgekommen sind. Der tragbare Schreibcomputer ist in Kalifornien ausgedacht, in Singapur zusammengebaut, seine Komponenten wurden in Japan hergestellt, das Unternehmen, das ihn vertreibt, hat seinen Sitz in Frankreich. Und wie im Märchen vom Hasen und Igel kommt der Tourist zu spät, die Ware, die auf geheimnisvollen Wegen um den Globus zirkuliert, ist immer schneller als er, ist überall schon vor ihm dagewesen. Damit er sich über seine Verspätung tröstet, muß der Tourist Spaß haben und darf keine Schmerzen spüren wie ein Reisender von ehedem.

Partir, c'est mourir un peu, das ist nur noch ein ganz klein wenig wahr: selbst die Auswanderung hat den Charakter der Unumkehrbarkeit verloren, seit dank weltweit ausgebauter Flugverbindungen eine Hintertür für die mögliche Rückkehr offenbleibt. Migranten unterscheiden sich äußerlich nicht mehr von Touristen, die Boeing 747, die sie an Bord nimmt, hat kein Zwischendeck, das die Auswanderer den Blicken der Geschäfts- und Vergnügungsreisenden entzieht. Touristen und Migranten sind sich zum Verwechseln ähnlich, jedenfalls solange sie noch nicht am Zielort angekommen sind und bei der Inspektion der Pässe auseinandersortiert werden. Bis dahin trennen sie auch keine unüberwindlichen Sprachbarrieren voneinander, denn alle verstehen mehr oder weniger das Airline-Englisch, das die Stewardessen und Lautsprecher in den Flugzeugen parlieren. Der Tourist, der den Reisenden spielt, um sich von dem ihm äußerlich gleichenden Flüchtling auf dem Nebensitz zu unterscheiden, macht sich nur lächerlich. Warum also wegfahren?

Rechtfertigen läßt es sich für mich nur aus einem einzigen Grund: Nur in manchen Augenblicken des Unterwegsseins tritt etwas von der Ausdehnung der Welt sowohl im physischen als auch im zeitlichen Sinn ins Bewußtsein. Nichts vergißt sich schneller beim andauernden Hocken im eigenen Land als die Erfahrung, daß der Horizont tatsächlich nicht an der Grenze des eigenen Landes oder Kontinents endet. Die Ausdehnung der Welt hat auch eine zeitliche Dimension, sie ist es vor allem, die mich unterwegs interessiert. Édouard Glissants schöne Metapher von den »Zeitstränden« erinnert daran, daß nicht nur Länder und Inseln Strände haben, auf denen sich allerlei Angeschwemmtes ablagert, sondern auch Zeiten. Doch Angeschwemmtes gilt im Gegensatz zu Gewachsenem oder Hergestelltem als zweifelhaft und minderwertig; man weiß nie recht, woher es kommt und wer es gemacht hat. *Sabir*, das ausgesprochen abschätzig gebrauchte französische Wort für Kauderwelsch, wird im *Petit Robert* mit Hilfe eines Zitats von Léon Daudet so definiert: »Sabir besteht aus buntscheckigen Wörtern, die wie Muscheln überall an den lateinischen Meeren aufgelesen wurden.« Glissants Gedanke hält der Geringschätzung des Angeschwemmten entgegen, daß Kultur nicht zu denken ist ohne die unvorhergesehenen und unvorhersehbaren Berührungen, die sich zwischen Abgelagertem und Angeschwemmtem abspielten. Das Wort Kultur gerät unvermeidlich in Konflikt mit diesem Begriff der Kultur, denn es kommt aus dem Ackerbau und will mit der Konnotation geordneter Anpflanzung die Vorstellung von Wildwuchs und Zufall abdrängen.

Die Kultur der Antillen, die Glissants Erfahrungshintergrund ist, verdankt ihre Besonderheit der Wechselwirkung zwischen zufällig Angeschwemmtem und dauerhaft Abgelagertem. Sie besitzt keinen zentralen und datierbaren Ursprung, sondern hat sich im Zusammenspiel von europäischen, präkolumbianischen, afrikanischen, asiatischen und modernen amerikanischen Elementen herausgebildet. Sie ist zwar auf dem Boden der Plantagenwirtschaft entstanden, hat aber die Gewalt allmählich zu unterlaufen gelernt, die das Plantagensystem in Gang hielt. Eine unvorhergesehene Frucht des jahrhundertelangen gewaltförmigen Zusammenlebens französischer Pflanzer und afrikanischer Sklaven war die kreolische Sprache, die sich die Herren der Pflanzungen dann selbst aneignen mußten, um mit ihren Sklaven kommunizieren zu können. Der Ethnograph und Schriftsteller Michel Leiris schrieb nach einer Reise, die ihn auf mehrere Inseln der

Antillen geführt hatte: »Wenn man anerkennt, daß auf kulturellem Gebiet die äußeren Einflüsse einen der hauptsächlichen Faktoren der Fortentwicklung bedeuten und daß das Aufeinandertreffen von Elementen unterschiedlicher Herkunft ein Unterpfand der Fruchtbarkeit darstellt, so sind die Antillen – als echter kultureller Kreuzungspunkt – unter dem Blickwinkel des menschlichen Werdens von unschätzbarem Interesse.«[2] Menschliches Werden und Wechselwirkungen brauchen Zeit. Nur wenn die Zeitstrände sich weit genug hinziehen, kann sich auf ihnen vielerlei ablagern und kann sich das Abgelagerte unter unvorsehbaren Einflüssen in etwas Neues und anderes verwandeln. In eine Kultur zum Beispiel, die es in dieser Form bis dahin nicht gegeben hat.

Solche Zeitstrände sind nicht nur in exotischen Fernen zu suchen. Auch in Europa haben sie sich einmal weit hingezogen und dabei vielerlei Einflüsse aufgenommen, von denen manche in die Tiefe gedrungen sind. Sie und die Folgen der Berührungen, die sich auf ihnen ereigneten, sind vielfach in Vergessenheit geraten, weil man vollauf damit beschäftigt war, brachliegende Strände der Zeit zu vermessen, einzuzäunen, zu planieren und unter Beton zu legen. Europa war zudem von der Grenze zwischen den politischen Blöcken zerteilt, die im Westen dazu verführt hat, über das Dahinterliegende großzügig hinwegzusehen. Kam einmal die Ahnung auf, daß hinter dem großen Zaun noch etwas anderes war, wurde es flugs als anachronistische Trägheit des Ostens beiseitegeschoben. Seit der Zaun geöffnet und das Hinterland zugänglich ist, ändern sich die Bewertungen. Was an den weiteren Zeitstränden des Ostens sich hat absetzen und sich hat erhalten können, übt auf einmal Anziehungskraft aus. Der Name Galizien zum Beispiel taucht wie ein geheimnisvoll strahlendes Emblem aus der Versenkung der Geschichtsbücher auf: Emblem des Zusammenlebens verschieden sprechender und unterschiedlich glaubender Völker, die der Zufall geschichtlicher

Wellenbewegungen an einem Ort zusammengeführt hatte, Emblem auch der Fruchtbarkeit von Mischung und Durcheinander. Der Name Babel wurde im Zusammenhang mit diesem Osten hervorgeholt, befreit von der Aura des Fluchs, mit dem die Bibel ihr Babel schlägt, dafür mit neuem säkularen Segen versehen. Es ist mir dann ergangen wie vielen anderen auch: Nachdem die Grenze im Osten geöffnet war, hat es mich gelockt, mir aus der Nähe anzusehen, was sich auf den Stränden der östlichen Zeit angesammelt hat. *Das reiche Land der armen Leute,* so haben Karl-Markus Gauß und Martin Pollack ihre »literarischen Wanderungen durch Galizien« vielversprechend überschrieben.[3]

Das vorliegende Buch ist keine Sammlung von Reiseberichten. Einmal liegt mir das Genre nicht, zum anderen habe ich Joseph Roths Warnung im Ohr: »Alle Reisebücher sind von einem stupiden Geist diktiert, der nicht an die Veränderlichkeit der Welt glaubt. Innerhalb einer Sekunde aber ist jedes Ding durch tausend Gesichter verwandelt, entstellt, unkenntlich geworden.«[4] Die Idee zu einem Buch ist mir erst gekommen, nachdem ein Zufall mich nach Montréal geführt und es mir ermöglicht hat, mich längere Zeit in dieser mir bis dahin unbekannten Region Nordamerikas aufzuhalten. Der Kontrast zwischen diesem Ausschnitt Amerikas und dem Anblick der von ihren Geistern verlassenen Landstriche Mittelosteuropas verlangte dann mit Nachdruck nach der Aufzeichnung.

Es gibt aber nicht nur den ins Auge springenden Kontrast zwischen jenem Osten und diesem Westen, es gibt auch allmählich sich enthüllende Korrespondenzen. Die Immigrationsstadt Montréal hat nicht wenig von dem aufgenommen, was aus dem armen Osten Europas vertrieben und verjagt worden ist. In den dreißiger Jahren war nach Französisch und Englisch Jiddisch die meistgesprochene Sprache in der Stadt. Nicht mehr in der Lemberger Straßenbahn, einer der ältesten Europas, sind heute jiddische Laute zu hören, wohl aber zuweilen in der modern, auf

Gummireifen fahrenden U-Bahn von Montréal. Doch viele andere Laute dringen dort ebenfalls ans Ohr, vom Créole der Haitianer bis zum Arabisch der Nordafrikaner. Was ein nachbiblisches säkulares Babel sein könnte, hier scheint es mir mit Händen zu greifen. Im ehemaligen Galizien hingegen sind nur noch, wenn überhaupt, vom einstigen Babel ein paar Mauern stehengeblieben. Es gibt noch die Bücher von dort – aus den Kontrasten zwischen ihnen und den Eindrücken vom gegenwärtigen Ostmitteleuropa, zwischen diesseits und jenseits des Atlantik gemachten Erfahrungen sind dann allmählich Fragestellungen hervorgegangen, die mir in Buchform mitteilenswert erscheinen.

Sie gelten in erster Linie Sprache und Literatur. Der dort entstandenen Literatur wegen ist der untergegangene »Osten« überhaupt nach wie vor im Bewußtsein präsent. Franz Kafka, Paul Celan, Rose Ausländer, Elias Canetti, Joseph Roth, Bruno Schulz – solche und zahlreiche andere Namen stehen für die nicht nachlassende Anziehungskraft dieser Literatur, die darin ein Gemeinsames hat, daß sie weit über die Biographien der Schriftsteller hinaus mit dem Babel des Ostens verbunden ist. Helmut Eisendle hat dafür den weniger mythisch aufgeladenen Ausdruck »sprachverunsicherte Zonen« gefunden.[5] Kafka in Prag schrieb deutsch, faßte eine Liebe zum Tschechischen, träumte von Jiddisch und hatte sich angestrengt, Hebräisch zu lernen. Celans frühe Gedichte entstanden in der Stadt Czernowitz, in der wenigstens fünf Sprachen gesprochen wurden: Deutsch, Rumänisch, Ukrainisch, Polnisch, Jiddisch. Es ist zu vermuten, daß diese »Sprachverunsicherung« konstitutiv gewesen ist für ihr Schreiben. Solche Zonen sind heute weitgehend verschwunden, das klassische westeuropäische Nationalstaatsprinzip mit seiner Identität von Territorium, Kultur und Sprache hat auch in Osteuropa die dort als Fortschritt betrachtete Herrschaft angetreten. Damit ist eine kulturelle Voraussetzung verschwunden, die für Kafka, Celan, Canetti, Roth und alle anderen selbstverständliche Gegebenheit war, als aus ihnen Schriftsteller wurden. Es bilden sich jedoch an anderen Orten aufs neue »sprachverunsicherte Zonen«. Eine von ihnen habe ich in Montréal kennengelernt: frankophone Insel im anglophonen nordamerikanischen Meer und zugleich eine Einwandererstadt, in der sich unter den Bedingungen spezifisch nordamerikanischer Multikulturalität zahlreiche andere Sprachen dem Rendez-vous zwischen Französisch und Englisch anschließen. Mich hat dort vor allem interessiert, ob und wie sich das Nebeneinander der Sprachen auf die am Ort entstehende Literatur auswirkt. Einige Nachrichten über die Montréaler Literatur, die niemals eine Chance hat, auf dem hiesigen Markt überhaupt wahrgenommen zu werden, scheinen mir durchaus mitteilenswert. In ihr fand ich ein stets präsentes Bewußtsein von der Gefährdung und der Bereicherung der Sprache durch die Nachbarschaft anderer Sprachen, das undenkbar ist in der Literatur eines seit jeher glückselig einsprachigen europäischen Landes.

Dennoch kein New Lemberg oder Nouveau Czernowitz. Montréal gehört zur modernen Welt, die neben allen anderen Ressourcen auch die Zeit möglichst rationell bewirtschaftet und somit keine Zeitstrände brachliegen läßt, auf denen sich Fremdheiten allmählich aneinander gewöhnen und dann in Wechselwirkung etwas ganz Neues hervorbringen könnten. So vervielfältigen sich die Begegnungen der verschiedenartigsten Traditionen, aber sie ereignen sich im Schock des Augenblicks und lassen die Frage nach der Dauer offen. Die Migrationsbewegungen des postkolonialen Zeitalters, begleitet von der globalen Verbreitung der industriell produzierten Massenkultur und der elektronischen Vernetzung durch Internet und E-Mail, scheinen das Terrain zu bereiten für Austausch- und Vermischungsprozesse von noch nicht absehbaren Dimensionen. Ob der globale melting pot jedoch in absehbarer Zukunft Wirklichkeit wird oder hauptsächlich virtuelle Realität im Kopf der Datenautobahnwärter bleibt, das weiß ich natürlich nicht. Es gibt in den Elogen der Pluralität, der Differenz, des Austauschs, der Diversität, die derzeit hoch im Kurs stehen, auch etwas Dubioses, ein Nichtbewußtsein nämlich von der ungeheuren Herausforderung, die das Differente, wenn es ernstgenommen wird, tatsächlich bedeutet. Ich möchte aus *Rasse und Kultur* von Lévi-Strauss zitieren, um darauf aufmerksam zu machen, daß es auch gute Argumente gegen die bedingungslose Verehrung der Pluralität geben kann:

»Aber wenn die Menschheit sich nicht damit abfinden will, zum bloßen sterilen Verbraucher der Werte zu werden, die sie einzig in der Vergangenheit hat hervorbringen können, nur noch fähig, bastardhafte Werke, plumpen und läppischen Tand zutage zu fördern, wird sie wieder lernen müssen, daß jede wirkliche Schöpfung eine gewisse Taubheit gegenüber dem Reiz anderer Werte voraussetzt, die bis zu ihrer Ablehnung, ja Negation gehen kann.«[6]

Lévi-Strauss widerspricht damit der oben zitierten These von Leiris, wonach das »Aufeinandertreffen von Elementen unterschiedlicher Herkunft ein Unterpfand der Fruchtbarkeit« bildet, und macht sich die Lektion des Scheiterns von Babel zu eigen: Unempfindlichkeit, ja sogar Feindseligkeit gegenüber der Vielfalt fremder Einflüsse ist für ihn die Voraussetzung dafür, daß etwas Neues und Originäres entsteht. Authentische Kunstwerke, schrieb Adorno, gibt es nicht ohne die ästhetische Intoleranz, von der sie zeugen. Eine anthologische und museale Kultur, heißt es in seinem Aufsatz »Engagement«, ist ihr Tod: »Durch ihre Koexistenz freveln sie aneinander. Will ein jegliches, ohne daß der Autor es wollen müßte, das Äußerste, so duldet eigentlich keines das nächste neben sich.«[7]

Ich teile diese Auffassung nicht, nehme sie aber als Grenze

ernst, die allzu leichtfertigen Reden über die Wohltaten der Pluralität entgegengesetzt werden sollte. An der politischen Realität der gegenwärtigen Welt ist nicht zu übersehen, daß etwas ganz anderes gleichzeitig auf dem Vormarsch ist: der Drang, Sprache, Kultur und Territorium zu einer nach außen abgeschlossenen Einheit zu verschmelzen. Beim Wechsel zwischen osteuropäischer Vergangenheit und westlicher Gegenwart kam mir manchmal die Vermutung, daß die Menschen heute sich lediglich einreden, für das plurale Zusammenleben besonders gut gewappnet zu sein, daß sie es aber dann, wenn sie sich ihm in der Wirklichkeit aussetzen müssen, gar nicht aushalten. Vielleicht sind die Völker Osteuropas durch alle Konflikte hindurch damit tatsächlich viel besser zurechtgekommen. Als der ukrainische Bauernsohn Ivan Franko in den sechziger Jahren des 19. Jahrhunderts das Gymnasium der von mehreren Nationalitäten bevölkerten galizischen Provinzstadt Drohobycz besuchte, war dort, wie er schreibt, »unter der Jugend von nationalem oder konfessionellem Antagonismus« nichts zu spüren gewesen.[8] Was von dieser Atmosphäre überlebt hat, scheint größtenteils nach Amerika verpflanzt worden zu sein.

Die einstigen europäischen Vielvölkerländer und die vielsprachigen Städte sind heute größtenteils Beute des nationalen Identitätsprinzips geworden. Prag, Czernowitz, Lemberg und andere Plätze liefern die Bilder für museale Ausstellungen, während in den realen Städten dieses Namens die Monokultur triumphiert. Der Triumph kam jedoch nicht von allein, ihm ging das nationalsozialistische Zerstörungswerk voraus, das in Osteuropa nicht nur Leichenberge und Trümmer, sondern auch eine kulturelle Wüste hinterließ. Der bloß nostalgische Blick neigt dazu, anstelle dieser Wüste nur die eine oder andere über ihr schwebende Fata Morgana wahrzunehmen. Wenn sich Nostalgie jedoch nicht mit Trauer über die Opfer dieses Verbrechens verwechselt, kann sie als Antrieb zum Lesen, Fahren und

Sehen vorübergehend einen nützlichen Zweck erfüllen. Reist sie dann bis ans Ende des von Trümmern übersäten östlichen Zeitstrandes mit, muß sie ohnehin kapitulieren.

SPRACHEN SIND NUTTEN
Im Sprachendickicht von Montréal

Die Zugverbindung zwischen Washington und Montréal über New York und New Hampshire, besorgt vom Amtrak-Zug *The Montrealer*, ist Ende 1994 eingestellt worden. Nur noch der *Adirondack*, der die Weststrecke durch den Staat New York befährt, verkehrt zwischen dem East River und dem Sankt Lorenzstrom. Seine Tage sind wahrscheinlich ebenfalls gezählt, ein Grund mehr, mit der Eisenbahn nach Montréal zu fahren. Die Bahn ist auf dem nordamerikanischen Kontinent im Gegensatz zu Europa aus dem Wettbewerb um die kürzeste Reisezeit ausgestiegen. Wer in New York in den Zug nach Montréal steigt, weiß, daß er es nicht eilig haben darf. Er muß damit rechnen, daß die Reisezeit von zehn Stunden, die der Zug laut Fahrplan unterwegs ist, sich leicht um die eine oder andere Stunde verlängern kann. Der Zug hat unterwegs den Gegenzug abzuwarten, der die zu zwei Dritteln eingleisige Strecke befährt, und da der Gegenzug seinerseits häufig mit Verspätung eintrifft, summieren sich leicht zweierlei Verzögerungen. Es kommt auch vor, daß die Diesellok unterwegs den Geist aufgibt und ausgewechselt werden muß. Im Winter können die Türen einfrieren und nicht mehr dicht schließen, so daß der Schnee, den der Zug aufwirbelt, in die Gänge dringt und dort eine Winterlandschaft zaubert. Aber der Fahrgast, der es nicht eilig hat, wird an Bord des nach einem Gebirge im Norden des Staats New York benannten Zugs »Adirondack« durch vielerlei Abwechslungen entschädigt.

Die Namen der Stationen, die der Zug auf dem Weg nach

Norden passiert, sind Überbleibsel der Kolonisierungsgeschichte des amerikanischen Nordostens: Rhinecliff am Hudson-River, Rensselaer gegenüber von Albany, der Staatshauptstadt, sind von der holländischen, Saratoga und Ticonderoga von der indianischen Toponymie übriggeblieben. Die Namen verschiedener Forts erinnern daran, daß die Gegend Schauplatz von Feldzügen und Scharmützeln gewesen ist, Mitte des 18. Jahrhunderts zwischen Briten und Franzosen und danach zwischen Briten und unabhängig gewordenen Amerikanern. Auf dem Weg nach Montréal, das 1775 vorübergehend den Briten abgenommen wurde, ist der in amerikanischen Diensten kämpfende britische General Richard Montgomery am Lake Champlain entlanggezogen, dem die Staaten New York und Vermont trennenden langgestreckten See, mit dessen Namen der französische Pionier und Entdecker der großen amerikanischen Seen, Samuel de Champlain, sein Denkmal erhalten hat.

Die Fahrt am See entlang dauert einige Stunden, denn die Trasse folgt meistens der gewundenen Uferlinie und zwingt den Lokführer, das Tempo stark zu drosseln, so daß die Fahrt gemächlich verläuft, fast wie im Realsozialismus. Während der stille See mit seinen bewaldeten Inseln vorüberzieht, hat man Zeit, sich die Gefühle der Auswanderer vorzustellen, die Anfang des 20. Jahrhunderts auf dieser Strecke nach Norden fuhren. Für viele von ihnen war es schon die zweite Auswanderung: Arthur Holitscher berichtet in seinem 1912 erschienenen Reisebuch *Amerika*, daß im Jahr 1911 fast die Hälfte der in Kanada eintreffenden Einwanderer aus enttäuschten USA-Immigranten bestand, die im Land der unbegrenzten Möglichkeiten nicht hatten Fuß fassen können und weitergezogen waren. Kanada galt als das endgültig gelobte Land, das jedem Einwanderer, der bereit war, im unerschlossenen Westen den Boden zu bebauen, kostenlos Land zur Verfügung stellte. Kafka hat Holitschers Amerika-Buch damals gleich gelesen, im Amerika-Roman erscheint Kanada als

Zufluchtsort für zweifelhafte Einwanderer wie den Vater des pommerschen Zimmermädchens Therese, der sich vor der nachkommenden Familie aus dem Staub macht und sie im New Yorker Elendsquartier ihrem Schicksal überläßt.

Zwei Stunden nach Passieren der Grenze, die das alte Territorium der Irokesen entzweischneidet, fährt der Zug über die nach der Königin Victoria benannte Brücke über den Sankt Lorenzstrom nach Montréal hinein. Der Bahnhof aus der Epoche, in der Holitscher mit der Bahn durch die USA und Kanada reiste, existiert nicht mehr, er wurde in den Untergrund unter einen innerstädtischen Gebäudekomplex verbannt. Verschwunden sind auch die Massen jener tatendurstigen Pioniere europäischer Herkunft, die, endlose Weizenfelder und brandneue Farmen vor Augen, in Montréal den Zug nach Westen bestiegen. Die Immigranten heute kommen auf dem Flughafen Montréal-Mirabel an, die meisten von ihnen stammen nicht mehr aus Europa.

»Man sagte mir später in Ottawa«, schreibt Holitscher, »in Winnipeg und auch hier in Toronto sagen es mir die Leute von der Heilsarmee: Der Einwanderer, der in den großen Städten des Ostens, in Toronto, Québec, Montréal bleibt, ist der am wenigsten erwünschte Typus des Einwanderers. Er hat's auf die leichten Chancen abgesehen und gibt sich auch mit den geringeren Chancen zufrieden. Ihn zieht's nicht zur Erde, sondern zum Asphalt. Das Meer hat er umsonst durchquert. Er hat nur einen Rinnstein um einen anderen eingetauscht. Er hätte daheim bei seinem alten Rinnstein bleiben können. Im Westen schießen Städte wie Pilze fabelhaft über Nacht in die Höhe, dieser Unerwünschte aber ist alles, nur kein Städtebauer. Statt im Westen ein Herr zu sein, ist und bleibt er ein Schmarotzer im Osten. Er wird aus diesem kanadischen Osten bald denselben unerträglichen, überwimmelnden Fäulnisherd gemacht haben, der seine Heimatstadt im alten Kontinent war.«[1]

Mit dieser Prognose hat sich der europäische Literat, der überraschend in die Haut des rauhen ackerbauenden Pioniers schlüpft und dabei unbemerkt seine eigene städtische Lebensform denunziert, gründlich vertan. In einem zivilisatorischen Morast ist Montréal so wenig versunken wie die Städte Québec oder Toronto. Die Stadt am Sankt Lorenzstrom, die vor Ottawa eine Zeitlang kanadische Hauptstadt gewesen war, hat auch zur Zeit von Holitschers Reise nicht in erster Linie arbeitsscheue Taugenichtse angezogen: Nicht weit vom Bahnhof und vom Hafen entfernt erinnert das Chinatown an die Ansiedlung chinesischer Eisenbahnbauer, die im 19. Jahrhundert als »Gastarbeiter« ins Land geholt wurden und sich dann, als die Schwellen der Canadian-Pacific verlegt waren, so hartnäckig am städtischen Rinnstein festklammerten, daß keine Extrabesteuerung und keine Drohung der ackerbauenden Pioniere sie zu vertreiben vermochte.

Von Chinatown nimmt der Boulevard Saint-Laurent seinen Ausgang, die belebte, früher *La Main* genannte, Nord-Süd-Achse der Innenstadt, an der die aufeinanderfolgenden Immigrationswellen Zeichen in vielfältiger Form hinterlassen haben. Bevor die Straße die Flußniederung verläßt und zum Plateau von Montréal ansteigt, durchquert sie eine Zone levantinischer und asiatischer Export-Import-Geschäfte, in denen die Buddhas und kultischen Figuren aus den Schaufenstern des Chinesenviertels durch elektronisches Spielzeug, Fotoapparate, Fernseher, Kofferradios, Textilien und den sonst in Bahnhofsvierteln anzutreffenden Ramsch ersetzt sind. Auf der Höhe des Plateaus tritt er in ein Mischgebiet aus Levante und Mittel-und Osteuropa ein. Import Yousouf. Reisebüro Tatra. H. Karmel, Kindertextilien. Chez Habre, libanesische Küche. Slovenia, Pökelfleisch und Würste. Fattouch, libanesische Küche. Hoffner, Metzgerei und Delicatessen. Zagreb, Metzgerei und Delicatessen. L. Berson & fils, jüdische Grabsteine. Ukrainische Volkskasse. Kaufhaus Warshaw. Swartz' Hebräische Metzgerei. Karl's Schuhladen.

»Alt-Montréal
heruntergekommene Straßen,
jede ein Land für sich,
ein anderes Gesicht,
andere Hände, andere Füße
und Augen.

Unser Viertel,
Enkel von Meschbosch.

Alte Frauen,
vergilbten *tchines* gleich,
gehen mit Körben zum Markt
mit karierten Tüchern
um die schmalen Schultern
und über den grauen Stirnen.

Links von unserem Viertel,
ein dürres älteres Mädchen aus China.
Ein abgerissenes Stück vom hinteren Peking.
Hinter abgeblätterten Fenstern
reihen sich unerhörte Waren
in wunderbaren Farben.
Goldene Schühchen
in rosa Samt,
für die kleinsten Füßchen
der schönsten Geishas ...«[2]

»Alt-Montréal« ist das 1937 in Montréal veröffentlichte Poem des
aus der Ukraine stammenden jiddischen Dichters Jacob Isaac
Segal überschrieben. In den Textilbetrieben am Boulevard Saint-
Laurent, die für billige Löhne Einwanderer aus Osteuropa schuf-
ten ließen, war Jiddisch lange Zeit die Umgangssprache. In
diesem Viertel ist Leonard Cohen aufgewachsen, ebenso der

Polemiker Mordechai Richler, der in seinen Pamphleten sowohl gegen die frankophonen Québecer als auch gegen die reichgewordenen Montréaler Juden zu stänkern pflegt. Heute ist dort am Drugstore Jean Coutu angeschrieben: Es wird Französisch, Englisch, Griechisch, Japanisch, Italienisch, Spanisch, Portugiesisch und Vietnamesisch gesprochen. Am Boulevard Saint-Laurent selbst ist das Jiddische längst durch das Portugiesische abgelöst worden. Jiddisch hat sich in Dora Wassermans jiddisches Theater im *Saidye Bronfman Centre for the Arts* und in die Häuser der Chassiden zurückgezogen. Jiddische Dichter gibt es nicht mehr.

Die Montréaler Stadtlandschaft ist zugleich eine Sprachlandschaft, in der sich selbst Einheimische leicht verirren, da es keine Wegzeichen gibt und sich die Konturen fortlaufend ändern. So wie das Jiddische erst das Viertel gewechselt und sich dann durch die Assimilation der folgenden Generationen als Umgangs- und Literatursprache aufgelöst hat, bilden auch die anderen von den Immigranten mitgebrachten Sprachen ein bewegliches Gut. Mit neuen Einwanderungswellen ändern sich die Sprachzonen und ihre Grenzen. Selbst auf die Einteilung in anglophone und frankophone Viertel ist nicht unbedingt Verlaß, denn bei näherer Betrachtung stellen sich die Viertel als weit weniger homogen heraus, als es die sprachliche Kennzeichnung vermuten läßt. Der Angehörige einer seit Menschengedenken einsprachigen Kultur wie der deutschen weiß da nicht, wie er sich zwischen Faszination und Befremden entscheiden soll.

Die Versuchung ist am Anfang groß, die Stadt mit einem transatlantisch verpflanzten multiethnischen Lemberg oder Czernowitz zu verwechseln, dem Beispiel amerikanischer Filmproduzenten folgend, die in Montréal drehen lassen, wenn sie für ihren Streifen ein paar Einstellungen mit alteuropäischem Flair brauchen, doch Kinobesucher lassen sich leichter hinters Licht führen als Stadtspaziergänger. Wie also diese Stadt und ihre

Sprachlage mit Worten erfassen, die nicht wiederum einem historischen Modell entnommen sind? Auf der Suche nach Orientierungsmarken habe ich mich in der Montréaler Literatur umgetan und bin in dem Roman *Avril ou l'anti-passion* von Antonio D'Alfonso, einem Schriftsteller, der als Kind sizilianischer Immigranten in Montréal zur Welt kam, auf das Gedicht mit dem Titel »Babel« gestoßen:

> »Nativo di Montréal
> élevé comme Québécois
> forced to learn the tongue of power
> vivi en Mexico como alternativa
> figlio del sole e della campagna
> par les franc-parleurs aimé...«[3]

D'Alfonso zufolge ist es ein Glück, in die Montréaler Sprachlandschaft hineingeboren zu sein und in ihr aufzuwachsen, da diese Erfahrung gegen jede kulturchauvinistische Versuchung immunisiert: »Montréal ermöglicht es mir, in einer einzigen Person drei Personen zu sein. Als Kind dreier Welten werfe ich drei verschiedene Blicke auf die gleiche Stadt. Was soll da das nationalistische Phantasma, demzufolge in einer bestimmten Region der Welt jedermann der gleichen Rasse (sic) entstammt und an einer einzigen und gleichförmigen Sicht der gesellschaftlichen, kulturellen und politischen Realität teilhat?«[4]

In manchen Büchern Montréaler Autoren nehmen Sprachprobleme vielfach den Platz ein, der sonst Pubertätsdramen und psychologischen Verwicklungen vorbehalten ist. Der Romancier Jean Forest vergleicht die Stadt, in der er aufgewachsen ist, nicht mit Babel, sondern mit dem geteilten Berlin; was dort die Sektoren der Besatzungsmächte waren, sind in der Stadt seiner Kindheit die Sprachzonen. Das in der Innenstadt herumstreunende Kind muß sehr früh lernen, sich zwischen den verschiedenen Sprachgestalten zurechtzufinden, in denen sich die Dinge darbieten, angefangen mit dem die Ost-West-Grenze markierenden Boulevard Saint-Laurent:»Verstörender Boulevard, Grenze des Lasters, ich wußte, daß sich dort nach Einbruch der Dunkelheit entsetzliche Dinge abspielten. Um mich herum hörte ich manchmal den Namen LA MÈNE. Manchmal auch las ich auf Kartonverpackungen inmitten komplizierter Bezeichnungen und lauter englischer Namen den Ausdruck ST. LAWRENCE BLVD. Hatte er somit zwei oder drei Gesichter?«[5] Auf der Suche nach einem Ausweg aus dem unlösbaren Konflikt zwischen französischen und englischen Sprachhoheitsansprüchen stößt der Junge später auf die deutsche Sprache, findet im Wörterbuch den Ausdruck *Sehnsucht nach der Heimat*, in den er sich vernarrt, will ihn auch gleich anwenden, zum Beispiel wenn er mit seiner Mutter die Ferien am Strand von Old Orchard in Maine verbringt, muß aber einsehen, daß das ein paar hundert Kilometer entfernte Montréal alles mögliche verdient, nur keine Sehnsucht nach der Heimat,»IT WAS RAINING CATS AND DOGS, ES REGNETE IN STRÖMEN, les langues germaniques me jouaient des vilains tours«, also geht er nach Paris, wo er entdecken muß, daß es nicht nur eine Mauer zwischen dem Französischen und Englischen gibt, sondern auch zwischen dem Französisch der Québecer und dem Französisch der Franzosen.

Nicht nur die Immigranten, sondern auch die Alteingesessenen müssen sich in Montréal mit Sprachproblemen herumschlagen, von denen Bürger einsprachiger Nationalstaaten keine Vorstellung haben. Die linguistische Trigonometrie, nach der sich die Position in der Sprachlandschaft bestimmt, hat drei Fixpunkte: kanadisches Englisch, Standardfranzösisch, Québecer Französisch. Angenommen, die Rußlanddeutschen besäßen ein großes zusammenhängendes Siedlungsgebiet innerhalb eines insgesamt attraktiven, Immigranten anziehenden Rußland, hätten neben einer prosperierenden konkurrenzfähigen Wirtschaft eine eigene kulturelle und literarische Tradition vorzuweisen, müßten sich dabei aber nicht nur gegen den Assimilationsdruck der russischen Umgebung wehren, sondern auch gegen den Spott der mit ihnen verkehrenden Bundesdeutschen, die sich über den rußlanddeutschen Akzent und über eine Reihe sowohl altertümlicher als auch neugebildeter Wörter mokieren – an dieser Hypothese läßt sich die Québecer Sprachlage verdeutlichen. Weiter angenommen, in der Millionenmetropole dieser rußlanddeutschen Provinz lebten neben einer einheimischen Majorität und einer russischen Minderheit zahlreiche Immigranten aus aller Herren Länder – das ergäbe etwa das Äquivalent von Montréal. Daß der Stoff der in einer solchen Stadt entstehenden Literatur weitgehend von Sprachfragen und Sprachleiden beherrscht wird, liegt auf der Hand: »Mich in meiner Sprache unwohl fühlend, wie man sich in seiner Haut unwohl fühlt«, schreibt der Montréaler Lyriker Jacques Brault, »habe ich schließlich ›praktisch‹ eingeräumt, daß die vitale Beziehung zu sich selbst über die Vermittlung des anderen verläuft. Das ist der Knoten des Nicht-Übersetzens. Die anglo-amerikanische Sprache bedrängte mich? Na und! Ich durchreiste diese Sprache, ich durchreiste sie bis zu meiner eigenen (und unbekannten) Sprache, und im Verlauf dieser schwierigen und heilsamen Reise verlöre ich mich im anderen und das andere fände sich in mir wieder.«[6]

Die Montréaler Mehrsprachigkeit kehrt dem auswärtigen Besucher zunächst ihre leichte und freundlich exotische Seite zu. Im Bus Nr. 80, der von der Innenstadt in den hauptsächlich von Immigranten bewohnten nördlichen Stadtteil Parc-Extension fährt, sitzen jiddischsprechende Chassidenfrauen neben tschadortragenden Iranerinnen, unterhalten sich ein paar Griechen miteinander über die Köpfe von schwarzen Schülern hinweg, die untereinander kreolisch sprechen, während ein Fahrgast eine kroatische Zeitung liest, ein anderer einen amerikanischen Roman, ein dritter ein brasilianisches Magazin, und der Busfahrer mit einer Kollegin der Verkehrsbetriebe ein paar Sätze in der Mundart des frankophonen Montréaler Ostens austauscht. Es mögen, je nach Besetzung, ein oder zwei Dutzend verschiedene Sprachen sein, die in dem Bus gesprochen und gelesen werden, und sie kommen offensichtlich ohne Reibungen miteinander aus. Im Fischgeschäft neben der Haltestelle wechselt der Verkäufer je nach Kunden zwischen Französisch und Englisch und ruft seinem Chef zwischendurch eine paar Sätze seiner griechischen Muttersprache zu. Im Gemüseladen daneben sagt ein großes Farbfoto vom Berg Ararat, daß die ebenfalls in französisch und englisch bedienenden Besitzer sich dem Sehnsuchtsberg der Armenier verbunden fühlen. Sprachen erscheinen wie Kleider, die je nach Umgebung und Anlaß leichthin gewechselt werden: die ganze Metaphorik des Bodens und der Wurzeln fällt von ihnen ab.

Die von einer Zeitungsleserin in einem Leserbrief mitgeteilte Anekdote ist dafür typisch: Ihr vierjähriger Sohn spielt mit anderen Kindern im Sandkasten und wird von einem etwas älteren indischen Jungen angesprochen und gefragt, ob er in die Schule gehe, was der Kleine unter Hinweis auf seine vier Jahre verneint. Darauf das Immigrantenkind: »Wenn du nicht in die Schule gehst, wie kommt es dann, daß du Französisch sprichst?«[7] In der Vorstellung des Jungen haben Sprachen mit der Herkunft nichts zu tun, sie werden zu einer Angelegenheit des Lernens und der Übung. »Mir begegnen zahlreiche Studentinnen und Studenten«, schreibt die in einem Übersetzungsprogramm an der anglophonen Concordia-Universität unterrichtende Sherry Simon, »die zögern, wenn man sie nach ihrer Muttersprache oder ihrer Hauptsprache fragt. Aus Mischehen hervorgegangen oder in Immigrantenfamilien aufgewachsen, teils in der englischsprachigen, teils in der französischsprachigen Schule ausgebildet, durchleben sie eine Erfahrung kultureller Zersplitterung, die in Québec und anderswo immer häufiger wird.«[8]

Unter der farbigen Oberfläche der Mehrsprachigkeit, die flüchtige Besucher in Bann schlägt, können sich ungezählte individuelle Sprachdramen abspielen. Spracherwerb verläuft in der Einwanderergesellschaft oft weder locker noch lustvoll, sondern unter Zwang und unter Schmerzen: beim Korrigieren der schriftlichen Arbeiten kann der Gastdozent an der von vielen Immigranten besuchten Universität ein bißchen unter die polyglotte Hülle schauen.

Immigranten, die weder aus franko- noch aus anglophonen Ländern stammen, haben die Sprachen des Einwanderungslandes erst von Grund auf erlernen müssen; doch selbst dann, wenn sie sich mündlich flüssig ausdrücken können, erwartet sie beim Übergang zum Schreiben die nächste Hürde.

Die Angestellte der Kleiderreinigung zum Beispiel ist Anfang der fünfziger Jahre als junge Frau aus Italien eingewandert und hat einen in Montréal ansässigen, ebenfalls aus Italien stammenden Mann geheiratet; sie hat gleich Geld verdienen müssen und bei der Arbeit Französisch sprechen gelernt, doch weil sie im Land nie eine Schule besucht hat, beherrscht sie schriftliches Französisch nur sehr mangelhaft. Ihre Söhne wiederum sprechen schlecht Französisch, weil sie in ihren Berufen hauptsächlich auf Englisch angewiesen sind und sich häufig in den USA aufhalten; die Mutter, die nie Englisch gelernt hat, kann sich mit ihnen deshalb nur bruchstückhaft verständigen, denn das häusliche Italienisch haben die Kinder größtenteils verlernt.

Im Hintergrund läuft unsichtbar ein institutioneller Apparat, der verhindern soll, daß aus Sprachhürden soziale Fallen werden. Die Schulen unterhalten Spezialprogramme, in denen Orthographie und Grammatik trainiert werden; nicht nur Kinder von Immigranten werden in diese Kurse geschickt, sondern auch einheimische Schüler. Die Universität, an der ich unterrichtet habe, verordnet den Studienanfängern eine Prüfung in schriftlichem Französisch; wer durchfällt, muß einen Aufbaukurs besuchen und die Prüfung wiederholen. Auch im Land aufgewachsene Jugendliche stolpern häufig über die Sprache, denn das Québecer Französisch, das zu Hause gesprochen wird, weicht sowohl in der Aussprache als auch im Vokabular stark von dem Standardfranzösisch ab, das als Norm beherrscht werden muß. Die großen französischen Wörterbücher, *Larousse, Robert* und *Littré*, sind in Québec Bestseller. Sie stehen in den Schaufenstern der Buchhandlungen wie kleine Bastionen der Frankophonie, die verkünden, daß man trotz der Isolation am Rand des englischsprachigen Kontinents über solide sprachliche Bundesgenossen verfügt.

Als Sprachausländer fühle ich mich in dieser Stadt nicht ständig als Ausländer, viel weniger jedenfalls als in einer Stadt wie Paris. Mein Akzent verrät zwar gleich, daß ich kein Hiesiger bin, aber das ist nichts besonderes in einer Einwandererstadt; viele derjenigen, die einen kanadischen Paß in der Tasche haben, sprechen ebenfalls mit Akzent, oft einer merkwürdigen Mischung aus Montréaler Mundartfärbung und aus dem Herkunftsland mitgebrachten Aussprachen. Eine befreiende Ungewißheit umgibt die Sprache, sie taugt nicht als nationaler Identitätsausweis; *Pain* hat jemand auf eine Mauer gesprüht: man weiß nicht, ob Brot gemeint ist oder Schmerz. Da man sich gleich zwei Fremdsprachen gegenübersieht, löst sich das Fremde an dieser Fremde ein Stück weit auf; mit vielen der Einheimischen habe ich gemein, daß eine der beiden Sprachen für sie ebenfalls nicht die eigene ist.

Zweisprachigkeit kann aber auch als Ideologie mißbraucht werden. Die kanadische Föderation, die seit 1968 Englisch und Französisch als offizielle Sprachen Kanadas bezeichnet, möchte gern als zweisprachiges Land gelten; die kanadische Gesellschaft selbst kann diesen Anspruch jedoch kaum einlösen. In den westlichen Präriestaaten, in denen nur wenige Frankophone leben, sieht niemand ein, warum er außer Englisch noch eine andere Sprache verstehen soll. Selbst in Toronto, der größten Stadt Kanadas und Metropole der von einer bedeutenden frankophonen Minderheit bewohnten Provinz Ontario, würde befremdetes Kopfschütteln erregen, wer unter Berufung auf die Zweisprachigkeit darauf bestünde, auf französisch bedient zu werden. In Montréal dagegen kann man Kaffee und Muffins überall in beiden Sprachen bestellen. Es ist wahrscheinlich die einzige Großstadt in der kanadischen Föderation, in der Zweisprachigkeit nicht nur auf dem Papier steht, sondern einer alltäglichen Praxis entspricht. Es löst daher bei frankophonen Montréalern Verbitterung aus, wenn sie sich aus den anderen kanadischen Provinzen den Vorwurf anhören müssen, in der Provinz Québec habe engstirniger Sprachchauvinismus den Sieg über die liberale kanadische Zweisprachigkeit davongetragen.

Die zu mehr als drei Vierteln von Frankophonen bewohnte Provinz hat 1974 in der Tat Französisch zur offiziellen Sprache erklärt und später per Gesetz Englisch aus der Außenwerbung und aus den Verkehrszeichen verbannt. Die Regelung hat die anglophone Minderheit zunächst sehr empört und natürlich auch zu ausgesprochen lächerlichen Resultaten geführt: Die alte Montréaler University-Street heißt seitdem »rue University«, und an Kreuzungen hat man am »Arrêt«-Schild zu stoppen statt am »Stop«. Mit der Zeit habe ich jedoch begriffen, daß diese Sprachpolitik, deren offensichtliche Übertreibungen aus dem Wunsch nach Vergeltung für die anhaltende Vorherrschaft der kleinen, aber ökonomisch mächtigen anglophonen Minorität in Québec erklärbar sind, nicht einfach nationaler Borniertheit entspringt, sondern sich auf Überlegungen berufen kann, wie sie Brecht in den *Flüchtlingsgesprächen* angestellt hat:
»Ich hör allgemein, es ist ein sehr schweigsames Volk. Das gilt als eine Nationaleigentümlichkeit. Da es eine gemischte Bevölkerung mit zwei Sprachen ist, könnt man also sagen: das Volk schweigt in zwei Sprachen.«[9]
Der Montréaler Schriftsteller André Belleau begründet sein

Plädoyer für die Stärkung der französischen Sprache in Québec mit dem Wunsch, eben keinem schweigenden Volk anzugehören: »Hören wir auf, unseren Kindern Märchen von den unveräußerlichen Eigenschaften der Sprachen zu erzählen. Schluß mit der Ideologie der Sprachzelebrierung! Nicht französisch sprechen, heißt für uns ganz einfach nicht sprechen. Wir *müssen* nicht französisch sprechen; wir brauchen Französisch, um zu sprechen.«[10]

Die heutige extrem asymmetrische Verteilung der Sprachen in Nordamerika − 300 Millionen Englischsprechende gegen 6 Millionen Französischsprechende − sei, meint dieser Autor, letzten Endes nur einem historischen Zufall zu verdanken, und zwar dem militärischen Ausgang der kurzen Schlacht zwischen Briten und Franzosen vor den Toren der Festung Québec im Jahr 1759: »Sprachen sind Nutten und keine Königinnen. Eine Sprache ist ein Dialekt, der sich eines Tages eine Armee, eine Flotte und einen Außenhandel zugelegt hat ... Stellen wir uns einen Moment lang vor, die Geschichte wäre anders verlaufen und Montcalm[11] wäre 1759 Sieger geworden: Amerika wäre heute mit Sicherheit französisch, und das Französische wäre notgedrungen die Sprache des Welthandels. Man würde eifrig die Qualitäten des Französischen als Geschäftssprache hervorheben und dabei dem Englischen den Trost lassen, daß es in der Poesie durchaus seine Meriten hat.«[12]

Demnach hätte der Verlauf des Siebenjährigen Kriegs, in dessen Windschatten sich die Kolonialmächte Frankreich und England um den Besitz Nordamerikas rissen, mit darüber entschieden, daß aus Nordamerika ein englischsprechender Kontinent geworden ist − eine originelle Behauptung, die so viel und so wenig wert ist wie alle derartigen historischen Hypothesen. Anregend ist sie insofern, als sie einen Aspekt hervorhebt, der beim Blick auf das heutige Nordamerika meistens unbeachtet bleibt: Keine natürliche Bestimmung hat den Kontinent zum englischsprechenden gemacht, sondern der Ausgang eines militärisch

ausgetragenen Machtkampfs. Sechs Millionen Französischspre-
chende im Osten Kanadas erinnern durch ihre Existenz immer
noch an den einstigen Konflikt und an den Umstand, daß die
Vorherrschaft des Englischen etwas geschichtlich Gemachtes ist.
Anglophone Nordamerikaner haben es deshalb mit dem Vor-
handensein dieser *anderen* Nordamerikaner nicht immer leicht.
Der wie sein Onkel V. S. Naipaul aus Trinidad stammende
Schriftsteller Neil Bissoondath erinnert sich, daß er als Student in
Toronto die Vorbehalte der anglokanadischen Umgebung gegenüber den Bewohnern der Nachbarprovinz Québec unbe-
sehen übernahm und sich nichts dabei dachte, als die in den
siebziger Jahren dort beschlossene französische Sprachpolitik als
»faschistisch« beschimpft wurde. In der Zwischenzeit ist er selbst
nach Montréal umgezogen, schreibt dort weiterhin englisch und
veröffentlicht seine Bücher in Toronto, doch sein Urteil über
Sprachpolitik und kanadische Zweisprachigkeit hat er gründlich
revidiert. In Québec, schreibt er in seinem das kanadische Selbst-
verständnis kritisch analysierenden Essay *Selling illusions*, wird
dem Neuankömmling gleich gesagt, daß man ihm etwas abver-
langt, während das englische Kanada den Immigranten vorgau-
kelt, sie dürften sich auf dem mitgebrachten Gepäck ausruhen
und müßten keine weiteren Anstrengungen unternehmen. Anders als in Toronto wird den Immigranten in Montréal gleich
reiner Wein eingeschenkt: »Komm, wie du bist, aber stell dich
darauf ein, dich in eine französischsprechende Gesellschaft zu in-
tegrieren. Das heißt, das Fortkommen hängt von deiner Bereit-
schaft ab, dich in Französisch zu verständigen; das heißt, deine
Kinder würden französische Schulen besuchen; das heißt, wenn
du einen Lebensmittelladen eröffnest, daß du LAIT anschreibst
und nicht MILK, PAIN und nicht BREAD, BIÈRE und nicht BEER.
Diese Spielregeln mochten für manche unangenehm sein, sie
mochten manchen repressiv erscheinen, aber sie waren eindeu-
tig. Und wenn du aufgehört hast, dir darüber die Haare zu rau-

fen, bemerktest du, daß Québec lediglich *de jure* tat, was das
übrige Land *de facto* macht: wenn ein Spanischsprechender in
Toronto ankommt, muß er, wenn er sich in die Gesellschaft inte-
grieren will, einen großen Teil seines Lebens auf Englisch ver-
bringen. Québec hat lediglich gesagt, das gleiche muß *chez nous*
auf Französisch geschehen.«[13]

Die Montréaler Zweisprachigkeit ist somit ein paradoxes Phä-
nomen, sie bewegt sich auf der Grundlage der offiziellen Einsprachigkeit der Provinz Québec, gegen die sich die gesellschaftliche Wirklichkeit der Stadt wiederum zur Wehr setzt und dabei
ihre eigenen Sprachverhältnisse schafft; im englischen Kanada
dagegen setzt sich ganz naturwüchsig, genauso, wie Neil Bissoondath es beschreibt, englische Einsprachigkeit durch, während
Zweisprachigkeit um so heftiger als Dogma verteidigt wird. Ihm
müssen dann an die Spitze der Bundesregierung gelangte Politi-
ker ihren Obolus darbringen, indem sie verbissen die zweite
Sprache erlernen. Manchmal war all die Mühe umsonst; nach
ihrer Abwahl als Premierministerin 1993 durfte Kim Campbell
ihr kurzfristig im Crashkurs erworbenes Französisch schnell wieder beiseite räumen, denn zu Hause im heimischen Vancouver
an der Westküste kann sie damit nicht viel anfangen. Nach außen
hin wird die Zweisprachigkeit jedoch wacker als unverwechsel-
bares kanadisches Kennzeichen hochgehalten, das Außenste-
hende davon abhalten soll, Kanada mit dem südlichen Nachbarn
USA zu verwechseln.

Was heißt Zweisprachigkeit konkret? Auch im zweisprachigen Montréal bedeutet sie nicht, daß die Mehrheit der Einwohner spielend zwei Sprachen beherrscht und spielerisch zwischen
ihnen hin- und herwechselt. Sprachfragen sind auch Machtfra-
gen, das lehrt die Sozialgeschichte der Stadt. Die Zugehörigkeit
zur jeweiligen Sprachgruppe ist aus historischen Gründen eng
mit der Zugehörigkeit zu einer Konfession, mit dem Platz in der
sozialen Hierarchie, mit einem bestimmten Milieu verbunden,

so daß das Überschreiten der Sprachgrenzen immer auch mit einem sozialen Ausbruch verbunden war; Sprachgrenzen sind in der Vergangenheit dabei oft durchlässiger gewesen als Konfessionsgrenzen. Die katholischen Iren zum Beispiel, die Ende des 19. Jahrhunderts einwanderten, assimilierten sich eher an die katholisch-frankophone als in die protestantisch-anglophone Bevölkerung. Auf den Inseln Îles de la Madeleine im Sankt-Lorenz-Golf, auf denen man sich kaum aus dem Weg gehen kann, leben seit zweihundert Jahren Englischsprechende und Französischsprechende friedlich nebeneinander, zusammengehalten durch das katholische Bekenntnis, das die aus Irland und die aus Frankreich einmal Eingewanderten gemeinsam haben.

Seit mit der spät eingetretenen, aber alles erfassenden Säkularisierung die christlichen Konfessionen ihre Bedeutung als gesellschaftliche Bindemittel einbüßten, haben sich auch die Verhältnisse zwischen den Sprachgruppen in Montréal geändert. Der anglophonen Bourgeoisie ist ein frankophones Äquivalent erwachsen, so daß der Vermischung der Sprachgruppen heute weniger soziale Hindernisse entgegenstehen als Jahrzehnte zuvor. Englisch-französische Mischehen, aus denen dann ein perfekt zweisprachiger Nachwuchs hervorgeht, sind zweifellos nach wie vor keine Massenerscheinung; doch perfekte Beherrschung zweier Sprachen ist auch nicht die Voraussetzung dafür, daß ein Klima der Zweisprachigkeit entsteht. Es hat vielmehr mit der Verbreitung des Bewußtseins zu tun, daß es der eigenen Sprache keinen Abbruch tut, wenn der Zugang zur Welt sich auch der anderen Sprache bedient.

Jeweils zwei der vier Universitäten von Montréal gehören einem der beiden Sprachbereiche an. Doch weder die Studenten noch die Dozenten suchen sich ihre Universität ausschließlich nach dem Kriterium der vorherrschenden Sprache aus. In den Seminaren bedarf es gar keiner Diskussion, wenn Texte in der anderen Sprache verwendet werden, das versteht sich von selbst.

»Das Problem der zukünftigen europäischen Kultur liegt sicher nicht im Triumph der totalen Vielsprachigkeit (wer alle Sprachen könnte, wäre ähnlich dem armen ›Funes el Memorioso‹ von Borges, der nichts vergessen kann und den Kopf voll unzähliger, quälender Bilder hat), sondern in der Herausbildung einer Gemeinschaft von Menschen, die in der Lage sind, den Geist, das Aroma, die Atmosphäre einer anderen Sprache zu erfassen. Ein Europa von Polyglotten ist kein Europa von Menschen, die viele Sprachen perfekt beherrschen, sondern im besten Fall eines von Menschen, die sich verständigen können, indem jeder die eigene Sprache spricht und die des anderen versteht, ohne sie fließend sprechen zu können, wobei er, während er sie versteht, wenn auch nur mit Mühe, zugleich ihren ›Geist‹ versteht, das kulturelle Universum, das ein jeder ausdrückt, wenn er die Sprache seiner Vorfahren und seiner Tradition spricht.«[14]

Umberto Ecos Skizze eines »Europa von Polyglotten« hat den Vorzug, daß sie keine übertriebenen Erwartungen an die Mehrsprachigkeit stellt. Was für die meisten nationalstaatlich verfaßten Länder Europas vorerst jedoch nichts als sprachliche Zukunftsmusik ist, dem kann man in Montréal öfter schon in der Gegenwart zuhören. In der U-Bahn unterhalten sich Kollegen aus dem Büro miteinander, der eine spricht Englisch, die andere antwortet auf Französisch, das geht ganz flott und niemand findet etwas dabei. Keinem fällt ein Zacken aus der Krone der »Identität«, diesem überflüssigen Kopfschmuck.

KANADISCHE DIAMANTEN
Aufgelesenes vom Sankt Lorenzstrom

E s ist etwas eigenartig Zwitterhaftes am Sankt Lorenzstrom, von dem eine merkwürdige Anziehung ausgeht: Man weiß nicht ganz genau, mit was für einer Art Wasser man es zu tun hat. Zwischen dem Ontariosee und den Stromschnellen von Lachine oberhalb von Montréal handelt es sich zweifelsfrei um einen Süßwasserstrom. Doch zweihundert Kilometer stromabwärts wird es ungewiß, ob man am Ufer eines Stroms oder eines sich weit ins Inland erstreckenden Meeresarms steht. Auf der Höhe der Stadt Québec setzt sich die Flut, die aus dem Atlantik hereindrängt, bereits sichtbar gegen die Flußströmung zur Wehr. Wenn Ende März das Eis zu brechen beginnt, treiben die Schollen, je nachdem, mit den Gezeiten stromabwärts oder stromaufwärts. Ein paar hundert Kilometer weiter Richtung Atlantik sprechen die Leute nicht mehr vom Strom, sondern vom Meer, *La mer veille*, das Meer wacht, steht auf einem Schild im Garten eines Hauses am Südufer. *La merveille*, so heißt aber auch das Wunder. Für mich ist etwas Wunderbares an diesem ungreifbaren Übergang vom breiten Strom zum eingefaßten Meer. Das Wort Brackwasser klingt häßlich, es wird dem Anblick der glitzernden und zugleich das Licht aufsaugenden riesigen Fläche nicht gerecht, die sich zu dem immer weiter zurücktretenden gegenüberliegenden Ufer dehnt. Vom Schiff aus kann man sehen, daß diese Fläche von zahllosen, von Strömungen gebildeten Mustern aufgelokkert ist. Etwas wie ein Wellenschatten huscht über das Wasser und verschwindet gleich wieder. Dann taucht es an einer anderen Stelle auf. Ich begreife erst hinterher, daß es der Rücken eines Wals gewesen ist, der sich ganz kurz an die Luft begeben hat und wieder abgetaucht ist. Wale kommen meines Wissens nur in den Ozeanen vor, der Süßwasserstrom muß sich im Meeresarm aufgelöst haben.

Die geologische Karte zeigt eine mächtige Felsbarriere, die an der Einmündung des Fjords von Saguenay in den Sankt Lorenzstrom vom Unterwasserboden aufragt. Das mit der Flut vom Atlantik eindringende Tiefseewasser steigt dort nach oben und bringt vielerlei Nahrung aus der Tiefe mit. Dorsch, Lachs, Stör, Heilbutt, Barsche, Weißwal und Finnwal werden dadurch in den Sankt Lorenzstrom gelockt. Lange vor der Entdeckung Amerikas durch Columbus sollen neuen Forschungen zufolge baskische Fischer den Atlantik überquert haben und in diesem fischreichen Gewässer auf Jagd gegangen sein. Diese Basken haben es allerdings versäumt, schriftliche Zeugnisse zu hinterlassen, so schlugen ihre Expeditionen in den Sankt Lorenzstrom hinein nicht zu Buche. Der Name, den die an den Ufern siedelnden Indianer dem Strom gaben, »wandernder Weg«, ist ebenso verschwunden wie die Erinnerung an die ersten Europäer, die den Strom befuhren.

Als Entdecker Kanadas gilt der Franzose Jacques Cartier. Die weithin sichtbare mächtige stählerne Brücke, die Richtung Osten aus der Insel von Montréal hinausführt, trägt seinen Namen. In großer Höhe spannt sich der Pont Jacques-Cartier über den Sankt Lorenzstrom, denn die Hochseeschiffe, die den internationalen Wasserweg zwischen dem Atlantik und den Großen Seen benutzen, müssen passieren können. Auf dem jenseitigen Ufer mündet die Brückenabfahrt in die transkanadische Autobahn. Dem Lauf des Stroms nach Nordosten folgend, erreicht man nach einer Fahrt von etwa tausend Kilometern die Küsten, an denen sich laut den Prospekten des Fremdenverkehrs die Entdeckung Kanadas abgespielt hat.

An der Ostspitze der Halbinsel von Gaspé ist Jacques Cartier im Juli 1534 an Land gegangen. Die Fahrt über den Atlantik bis Neufundland hatte nur drei Wochen gedauert; dem Seemann aus Saint-Malo war die Route nicht mehr unbekannt. Als Begleiter Giovanni Verrazzanos, der 1524 im Auftrag des französischen Königs auf Entdeckungsreise gegangen war, hatte er sowohl Neufundland als auch Brasilien gesehen. Nach der Landung ließ Cartier im Beisein neugierig zuschauender Indianer zu Ehren seines christlichen Königs François I. ein haushohes Kreuz in den Boden des neuentdeckten Landes rammen. Bei der Landung an der unbekannten Küste erlag Cartier zwar nicht mehr der Täuschung seines Vorgängers Columbus, der sich in der Weltgegend vertat, doch bei der Bestimmung des in der Region herrschenden Klimas ging die Phantasie mit ihm durch: »Ihr Land ist, vom Klima her betrachtet, milder als Spanien, das schönste Land, das man sich vorstellen kann, und ebenso ebenmäßig wie ein See. Auf jedem kleinen Stück nicht bewaldeter Erde, sogar auf dem Sand, wächst wilder Weizen, seine Ähren gleichen dem Roggen und seine Körner dem Hafer; es gibt Erbsen, von einer Größe, wie wenn sie angebaut wären; und weiße und rote Johannisbeeren, Erdbeeren, Himbeeren und weiße und rote Rosen und andere Sträucher, und Seen voller Lachse. Ich bin mehr denn je der Ansicht, daß sich diese Menschen mühelos zu unserem heiligen Glauben bekehren lassen. Sie nennen ein Beil in ihrer Sprache *cochy* und ein Messer *bacan*. Wir nannten die besagte Bucht *La Baie des chaleurs*.«[1]

»And when they named these bays
bays,
was it nostalgia or irony?«,

fragt Derek Walcotts langes Gedicht *Names*[2] Der Name »Bucht der Wärme« zeugt in Anbetracht des auch im Sommer sehr kalten Wassers dieses Meeresarms zwischen der Halbinsel Gaspésie und der Küste der Provinz New Brunswick von einer kuriosen Sinnestäuschung. Jacques Cartier schwankte im Jahr 1534 noch zwischen der Lust am demiurgischen Benennen und einem gewissen Respekt vor den Namen, die die Einheimischen all den Buchten, Inseln und Ländern verliehen hatten. Der Halbinsel von Gaspé zum Beispiel beließ er in seinem Bericht den indianischen Namen Honguedo. Der Name der Berge im Innern der dünn besiedelten Halbinsel, *Monts Chics-Chocs*, erinnert bis heute an die Namensgeber vom Stamm der Micmac; doch den höchsten Gipfel der Bergkette, den Mont Jacques-Cartier, haben die Ureinwohner an Jacques Cartier abtreten müssen. Ein paar hundert Micmac sind heute übriggeblieben, sie leben in Reservaten an der Baie des chaleurs, zwischen Nachkommen britischer Einwanderer, die Ende des 18. Jahrhunderts aus den amerikanisch gewordenen Neuenglandstaaten geflohen, und Nachkommen der frankophonen *Acadiens*, die nach dem Siebenjährigen Krieg aus ihren ursprünglichen Siedlungsgebieten in der heutigen Provinz Nova Scotia vertrieben worden waren.

Über einen unfreundlichen Empfang durch die »Wilden« konnten sich die Leute um Jacques Cartier nicht beklagen. Die Nachricht, daß da weiße Menschen auf großen Schiffen gekommen seien und wertvolle Gegenstände gegen Nahrung und Felle tauschten, sprach sich rasch herum. Vom anderen Ufer des Sankt Lorenzstroms eilten Irokesen herbei und versammelten sich unter Führung ihres Häuptlings Donnacona an der Landestelle. Was dann genau geschehen ist, verschweigt der Bericht; er erwähnt nur die Einwilligung des Häuptlings in Cartiers Vorschlag, ihm zwei seiner Söhne mitzugeben. Sie sollten das Land seiner Herkunft jenseits des Meers sehen und bei der nächsten Reise reich beschenkt zurückkehren. In Wirklichkeit dürfte es sich eher um eine Art Geiselnahme gehandelt haben.

Andeutungen der Einheimischen hatte Cartier entnommen, daß sich das Meer nördlich der Halbinsel von Gaspé noch sehr weit nach Westen fortsetzte, was möglicherweise den Beginn der von den Entdeckern und ihren Auftraggebern verzweifelt gesuchten nördlichen Durchfahrt durch den amerikanischen Kontinent zu den asiatischen Meeren anzeigte. Denn es ging bei den Atlantiküberquerungen hauptsächlich und immer noch um die Suche nach dem durch die osmanische Eroberung Konstantinopels versperrten Zugang zu den Märkten Asiens. Der von Magellan inzwischen gefundene Weg um die Südspitze Lateinamerikas herum war für den Handelsverkehr viel zu unsicher und zu beschwerlich.

1535 überquerten wieder drei Schiffe aus Saint-Malo den Nordatlantik. Am 12. August erreichte Cartier den großen Golf, und da der Tag mit dem Namenstag des Heiligen Laurentius zusammenfiel,»nannten wir die Bucht Baie Saint-Laurent«, wie es in seinem Bericht heißt. Von den in Frankreich inzwischen katholisch getauften Söhnen des Irokesenhäuptlings hatte er erfahren, daß an diesem Wasser drei Irokesenreiche lägen, *Canada*, das Reich ihres Vaters Donnacona, *Hochelaga* und am Ende *Saguenay*, das sagenhafteste von den dreien, ein Land voller Gold, bewohnt von weißhäutigen Menschen, die Kleider aus gewebten Stoffen trügen. So segelten die Entdecker aus Saint-Malo den Sankt Lorenzstrom hinauf, noch ohne zu wissen, daß sie ein Binnengewässer befuhren. Einen eigenen Namen gaben sie dem Gewässer nicht. Erst ein Jahrhundert später übertrug Samuel de Champlain, der Entdecker der Großen Seen, den Namen Saint-Laurent vom Golf auf den ganzen Strom. Etwa an der Stelle, an der sich heute die Stadt Québec befindet, legten die drei Segelschiffe an. Sie waren in Stadaconé, der Hauptstadt des Reiches Canada, angekommen. Häuptling Donnacona war zufrieden, seine Söhne wiederzuerhalten, auch wenn sie jetzt, nach ihrer katholischen Umerziehung, dieses merkwürdige Kreuz schlugen. Aber er wurde wütend, als er hörte, daß die Weißen weiterfahren wollten, um auch das Nachbarreich Hochelaga zu besuchen.

Den Gewinn aus dem Tauschgeschäft, das mit ihnen zu machen war, wollte er für das eigene Reich Canada behalten. Donnacona dachte sich einen Trick aus, um die Franzosen an der Weiterfahrt zu hindern. Ein paar seiner Leute ließ er in der Verkleidung von Teufeln auftreten und bekanntgeben, daß das Reich Hochelaga von einer Kältekatastrophe heimgesucht sei, die mitten im Monat September Schnee und Eis habe regnen lassen. Doch als gelernter Katholik ließ sich Cartier von solchen Teufelskomödien nicht hinters Licht führen; ungerührt segelte er mit einem Teil seiner Leute weiter stromaufwärts. Sein Bericht erwähnt prächtige Reben, die beiderseits des Stromes wüchsen, so als habe er das Tal der Loire durchfahren und nicht den kalten Osten Kanadas. Anfang Oktober erreichte die Expedition das gesuchte Hochelaga, das war eine große Insel im Strom. Von ihren Bewohnern wurden die Franzosen freundlich empfangen und zu ihrer Siedlung geführt. Von dort bestiegen sie den Bergrücken, der die Insel beherrschte, betrachteten die Umgebung und faßten einen folgenreichen Entschluß: »Wir nannten den Berg Mont-Royal.« Der Hausberg der Insel von Montréal hatte seinen Namen erhalten. An das Reich Hochelaga dagegen erinnert heute nur noch der Name einer langweiligen Straße, die die östlichen Stadtteile von Montréal durchquert.

Nach der Rückkehr stromabwärts ins Reich Canada zerstob endgültig die Illusion eines Landes von französischer oder gar spanischer Milde. Ab Mitte Oktober begann der Strom zuzufrieren, und Cartiers Schiffe waren für lange Monate im Eis des Sankt Lorenzstroms eingeschlossen. Das sagenhafte Reich Saguenay blieb in unerreichbarer Ferne. Der ungewohnt harte Winter raffte einen großen Teil der Mannschaft dahin. Die zweite Expedition Cartiers endete mit einer Blamage, auch war die gesuchte Nordwestpassage, die den Seeweg nach Asien öffnen sollte, immer noch nicht gefunden.

Erst 1541 wurde er von seinem König François I. wieder über den Atlantik geschickt, diesmal mit dem Auftrag, eine regelrechte Kolonie auf nordamerikanischem Boden zu gründen. Von Rechts wegen waren dem französischen Königreich dauerhafte Niederlassungen untersagt, denn eine päpstliche Bulle von 1493 hatte Spanien und Portugal das Recht auf alle amerikanischen Territorien zugesprochen. Der älteste Sohn des Königs hatte inzwischen jedoch Catherine de Médicis, eine Nichte des Papstes, geheiratet, dank der neuen verwandtschaftlichen Beziehungen wurde die Bulle modifiziert, so daß sie nicht mehr für neuentdeckte Territorien galt. Cartier hatte allerdings Mühe, eine Mannschaft für die Reise in den kalten Teil der neuen Welt zusammenzustellen. Es mußte auf Gefängnisinsassen zurückgegriffen werden. Neun von den zehn Irokesen, die Cartier beim letzten Mal mit nach Frankreich gebracht hatte, darunter der Häuptling Donnacona selbst, hatten den Aufenthalt in Europa nicht überlebt.

Die Irokesen des Reichs Canada am Nordufer des Sankt Lorenzstroms empfingen die zurückgekehrten Franzosen, die ihnen den Häuptling geraubt hatten, allem Anschein nach nicht mehr sehr freundlich. Angriffe der Einheimischen befürchtend, ließ Cartier unweit der Stelle der heutigen Stadt Québec ein Fort errichten, in das sich die Mannschaft zum Überwintern zurückzog. Kaum war im nächsten Frühjahr das Eis gebrochen, hatte Cartier es eilig, nach Saint-Malo zurückzukehren. Um seinen König darüber hinwegzutrösten, daß die Gründung einer Kolonie mißlungen war, ließ er vor der Rückreise Kisten mit Mineralien füllen. Bei der Ankunft erklärte er stolz, er habe Berge von Gold und Diamanten aus der neuen Welt mitgebracht. Es stellte sich bei der Inspektion des Kisteninhalts aber heraus, daß er nichts anderes als Quarz und Eisenpyrit geladen hatte.»Falsch wie Diamanten aus Kanada« ist seither ein geflügeltes Wort.

Jacques Cartiers Reiseberichte sind aufschlußreich, weil sich in ihnen in aller Unschuld – denn ihr Verfasser war in erster Linie Seemann – das ambivalente Verhältnis der Europäer zu den Bewohnern der neuen Welt ausspricht. Die Deutung der ersten Begegnung mit den Micmac der Halbinsel Gaspésie läßt das Muster erkennen: Nicht wie das Verhalten der Indianer zu verstehen ist, interessiert den Entdecker, sondern was man mit ihm anfangen kann. Wenn Wörter ihrer Sprache notiert werden, dann nur solche, die Alltagsdinge bezeichnen, die Namen von Göttern oder Hinweise auf die Überzeugungen der »Wilden« finden keine Erwähnung.

Die Micmac freuen sich über die Mitbringsel der Fremden, reißen sich sogar die Kleider vom Leib, um sie als Gegengeschenke anzubieten – für den Europäer ein Zeichen dafür, daß sie arglos sind, daß sie den Tauschhandel mögen, aber vom Wert des Getauschten nichts verstehen. »Ich bin mehr denn je der Ansicht, daß sich diese Menschen mühelos zu unserem heiligen Glauben bekehren lassen«, schreibt Cartier, nachdem er beobachtet hat, daß die Micmac in ihrer Begeisterung über die Begegnung mit den Fremden die Gesten und Bewegungen der eine Art Feldgottesdienst veranstaltenden Christen nachahmen. Cartiers Vorgänger Giovanni Verrazzano hatte als Entdecker im Auftrag des französischen Königs von den in Brasilien angetroffenen Ureinwohnern behauptet: »Wir meinen, daß sie keine Religion haben und daß sie in absoluter Freiheit leben und daß alles, was sie tun, aus Unwissenheit geschieht: denn sie sind sehr leicht zu überreden, und sie ahmten alles, was sie uns Christen im Gottesdienst verrichten sahen, mit derselben Inbrunst und demselben Eifer nach, den wir selbst zeigten.«[3]

Unwissend, leicht zu bekehren und beim Handel entsprechend zu betrügen, zum Imitieren neigend, demnach über keine eigene Substanz verfügend – man verstand die Sprache der Indianer nicht, aber es kam nicht in den Sinn, sie zu erlernen. Die Indianer hatten nach Meinung dieser Europäer nichts eiligeres zu tun, als sich ihrer eigenen Sprache zu entledigen und sich durch eifrige Nachahmung die Sprachen der Europäer anzueignen. Deshalb mußte den Namen, die sie den Bergen, den Flüssen, den Buchten, Inseln, Tälern und Siedlungen gegeben hatten, keine weitere Beachtung geschenkt werden. Die Entdecker durften sich vorkommen wie Adam im Paradies, dem die Macht gegeben war, alle Dinge zum ersten Mal mit einem eigenen Namen zu versehen. Es war wie die zweite Erschaffung der Welt. Jacques Cartier macht unter ihnen fast eine Ausnahme: Den Namen Canada, den das Irokesenreich am Sankt Lorenzstrom trug, hat er wie manche andere Ortsnamen beibehalten.

Indianische Namen fallen den Besuchern der Provinz Québec ins Auge. Angefangen mit dem Namen der Provinz und der Hauptstadt: der Name Québec entstammt der Sprache der Montagnais-Indianer. Andere Städte heißen Rimouski, Chicoutimi, Temiscaming, Maniwaki. Doch das sind in Wirklichkeit nur noch die letzten kläglichen Überbleibsel der indianischen Toponymie. Mehr als drei Viertel der indianischen Ortsnamen, die am Ende des 19. Jahrhunderts noch in Gebrauch waren, sind verschwunden. Anfang des 20. Jahrhunderts ist eine Kampagne gegen die »Invasion der Namen der Wilden« eröffnet worden, die zur Löschung von 15 000 indianischen Ortsbezeichnungen führte.[4] Eine merkwürdige Invasion, veranstaltet von einem Volk, das zuvor bis auf ein paar in Reservaten lebende Überreste ausgerottet worden war.

Auf seiner Nordamerikareise im Jahr 1911 hat Arthur Holitscher das Mohawk-Reservat Kanawakee gegenüber von Montréal besucht. Es hat ihm dort gar nicht gefallen, aber nicht nur des Elends wegen, das er in den Hütten der Indianer antraf: »Ihre Frauen sitzen bei den Fenstern und machen grausliche blaue Tuchtauben, alle dieselbe Taube, der, niemand weiß warum, drei rote Tuchkirschen aus dem Schnabel baumeln. Damit es nur ganz klar ersichtlich sei, was das Ganze vorstellt, so sticken sie den Ausgeburten ihrer katholischen Phantasie noch das Wort: BIRD auf den Bauch – ich sah sofort ein, hier war für mich nichts zu holen. Gelangweilt starrte ich in all die offenen Fenster hinein. Da waren Männer und Frauen, die kein Wort Englisch oder Französisch verstanden, in einem unbekannten Idiom sich miteinander unterhielten, alle hatten unter ihren beim Trödler gekauften schmutzigen Lumpen das katholische Duckmäusergesicht vom jenseitigen Ufer sitzen.«[5]

Der Reiseschriftsteller Holitscher empfand am Anfang des 20. Jahrhunderts nicht viel anders als der Seemann Cartier vierhundert Jahre früher: Was die Indianer sprechen, ist keine Sprache, sondern ein »unbekanntes Idiom«. Bei dem Austausch von Namen dieses Idioms gegen neue Namen der eigenen Sprache strengten die Europäer ihre Phantasie nicht allzusehr an. Weil sie nicht wie Adam im biblischen Paradies ganz von vorn anfangen konnten, gingen sie bald dazu über, heimische Landschaftsnamen zu vergeben, eine Insel im Sankt Lorenzstrom Île d'Orléans zu nennen und einen fruchtbaren Landstrich südlich des Stroms la Beauce, nach der Kornkammer der Île de France. Eine französische Siedlung, aus der später die Hauptstadt des US-Bundesstaats Vermont geworden ist, erhielt den Namen Montpelier. Es wimmelt auf dem nordamerikanischen Kontinent bekanntlich von Frankfurts, Petersburgs, Moscows, Paris, Odessas. Nostalgie oder Ironie?

Die Frage aus Derek Walcotts Gedicht *Names*, ob Nostalgie oder Ironie am Werk war bei der Benennung der Orte, scheint mir eine aus amerikanischer Perspektive gestellte Frage zu sein. Europäer denken gegenüber Amerika in den Kategorien von Original und Kopie, sie können machen, was sie wollen. Sie empfinden nicht viel anders als die ersten Entdecker, die das Nachahmungstalent der Bewohner des Kontinents hervorhoben. Amerika hat weder eine eigene Sprache noch eigene Namen für die Dinge und Orte. Es muß sich alles von Europa ausborgen und setzt manchmal ein »New« davor wie bei New York oder New Orleans, um anzuzeigen, daß es den Namen einem älteren Original entwendet hat.

An den zu Imitatoren gestempelten Amerikanern rächt sich auf seine Weise, was ihre Pioniere einmal selbst den Ureinwohnern des Kontinents nachsagten, bevor sie sie zum Verschwinden brachten. Columbus, Verrazzano, Cartier und andere präsentierten den Europäern bei ihrer Rückkehr die in der Neuen Welt angetroffenen Wilden als gelehrige Affen, denen mangels Sprache und Überlieferung nur die nachahmende Übernahme europäischer Vorbilder übrigblieb. Seither müssen die Amerikaner, Nachfahren von Schlächtern dieser Wilden, in europäischen Augen selbst mit dem Odium leben, Mangel an Originalität durch emsiges Nachmachen, durch Raffgier und Draufgängertum auszugleichen.

Im Zeitalter beschleunigter Modernisierung kehrt sich das Verhältnis jedoch allmählich um. Jean Baudrillard, dessen Amerika-Visionen mir nicht durchgehend einleuchten, hat das sehr gut erfaßt:»Amerika ist die Originalausgabe der Moderne, wir sind die Zweitfassung oder die mit Untertiteln. Amerika treibt die Frage nach dem Ursprung aus, es beansprucht nicht Originalität oder mythische Authentizität, es hat keine Vergangenheit und keine Gründerwahrheit.«[6] Inhaber von Originalen können sich gelassener geben als Imitatoren: Die New Yorker U-Bahn hat es nicht nötig, alle paar Jahre neue Schilder anzubringen, Automaten auszuwechseln, neue Tickets zu drucken und ein noch ausgeklügelteres Tarifsystem zu erfinden; wie vor Jahrzehnten verkauft das Personal U-Bahn-Münzen, die man dann an der Sperre in einen Schlitz wirft, und dann fährt man, wohin man will, an vielen schon lange nicht mehr gestrichenen Stationsschildern vorbei. In Europa hat man inzwischen die EWG zum dritten Mal umgetauft, in EU, auch sonst erkennt man nach ein paar Monaten Abwesenheit viele Abkürzungen und Logos nicht wieder. Die europäische Modernität ist hysterisch, sie muß sich ständig umbenennen und neu anstreichen und sich dadurch beweisen, daß sie auf dem neuesten Stand ist. Besessenheit der Nachahmer, die weder die Jeans, das Fernsehen noch den Mikrocomputer erfunden haben.

Aber zurück von der Baie des chaleurs und dem Berg Mont Jacques-Cartier in die Stadt auf der Insel im Sankt Lorenzstrom. Von dem China, das die Entdecker nach der gesuchten Durchfahrt durch den Kontinent hatten erreichen wollen, ist dort der Name eines Kanals und einer Vorortgemeinde übriggeblieben, Lachine (*La-Chine*), der Geburtsort Saul Bellows. Im Snowdon-Viertel finde ich ein Restaurant mit dem Namen »Jardin de Pékin«. Daneben Kim Driving School, die Bäckerei »Royal Casher«, Restaurant »Rodos Souvlaki«, Antiquitätenladen »La Petite Russie«, Pâtisserie Française »Au Comte de Provence«, Ristorante Italiano »La Casa Linga«, Kosmetik »Marika«, »Jérusalem, Restaurant méditerranéen«, polnische Buchhandlung, Kaufhaus Cumberland. Nostalgie oder Ironie in diesen Namen? *Zitieren* sie einfach Orte und Kulturen oder machen sie auf verdrehte Weise nostalgisch Werbung für die Länder, aus denen sich die Immigranten einmal vertrieben oder weggelockt sahen? Die Ontologie von Original und Kopie steht nicht still.

Nach dem Besuch von Städten des postkommunistischen Osteuropa sehe ich in der Stadt Montréal etwas anderweitig Gespensterhaftes. In Warschau, Krakau, Budapest und anderen Städten wurden die Zeichen, Denkmäler und Namen, die an die zu Ende gegangene Epoche erinnerten, ganz schnell entfernt; in Montréal dagegen ist ihre Entsprechung einfach stehengeblieben. Das einstmals allesbeherrschende katholische Dogma bewegt zwar nur noch eine verschwindende Minderheit, doch die Marx, Engels, Lenin, Dimitroff dieser Lehre grüßen ungerührt an allen Straßenecken. Von den Namen her betrachtet, ist Montréal eine wahrhaft heilige Stadt, das große Krankenhaus heißt »Hôtel-Dieu«, ein Innenstadtviertel »Notre-Dame-de-Grâce«, die nach Heiligen benannten Hauptstraßen und Vororte beschwören die Omnipräsenz eines Glaubens, der die Stadt wie andere Metropolen der westlichen Welt in Wirklichkeit längst verlassen hat. Doch niemand scheint sich an der Diskrepanz zwischen einer vollständig säkularisierten Gesellschaft und der ganz anderslautenden öffentlichen Symbolisierung zu stören. Noch in den sechziger Jahren wurde einer der die neue Stadtsilhouette beherrschenden Wolkenkratzer »Place Ville-Marie« getauft. Der Montréaler Schriftsteller Hubert Aquin störte sich seinerzeit daran: »Unsere Stadt gibt nicht ganz das Bild derer, die sie bewohnen, und nicht einmal derer, die sie besitzen. Wir haben hier ambivalente Zeichen vor uns, Signifikate ohne Signifikanten, die nur dann einen Sinn (besser: Nicht-Sinn) annehmen, wenn man sie in ihrem historischen Kontext betrachtet: die Huldigung an die Jungfrau Maria klingt falsch, weil sie von Bürgern dargebracht wird, die nicht im geringsten dem Marienkult anhängen.«[7]

Nicht nach einem Heiligen, sondern nach dem Schriftsteller Hubert Aquin, der sich 1977 das Leben nahm, hat die neugegründete Universität Université du Québec à Montréal das Gebäude mit den geistes- und sozialwissenschaftlichen Abteilungen benannt. Die Universität verstand sich bei ihrer Gründung als »demokratische, kritische und laizistische« Institution und hat das auch in ihrer Architektur ausgedrückt – eine Kirche, die auf dem Gelände im Zentrum der Innenstadt stand, hat dem Bau weichen müssen. Doch hat man sie nicht einfach abgerissen, sondern ein Stück ihrer Fassade mit ihren neo-gotischen Glasfenstern in die zentrale Halle der Universität integriert. Der Kirchturm blieb ebenfalls stehen, nur führt sein Eingang nicht mehr zur Jungfrau Maria, sondern in den dahinterliegenden Verwaltungstrakt. Die Straße, die den ganzen Komplex durchquert, heißt nach wie vor rue Sainte-Catherine, es ist gewissermaßen der Leninprospekt von Montréal.

Es berührt angenehm, daß die Leute hier andere Sorgen haben, als die Fassaden der Stadt mit ihrer Geisteshaltung in Übereinstimmung zu bringen, und es gibt einen Text, der diese Art gesinnungsmäßiger Nachlässigkeit sehr schön in Worte faßt: »Ein schlampig zusammengeschnürtes, ganz im Rohzustand gefügtes Amerika. Pastille von Zeit und Raum, alle Länder, alle deren Geschichten, alle Völker. Ökumene des Armen, des Verfolgten, desjenigen, dem die Sprache genommen ist. Unverpackt. Aufgeplatzt. Das immerwährende Amerika. Kein Land. Phantasien, Nostalgien. Remake, Ersatz.«[8] Auf die Verfasserin des Buchs, dem diese Zeilen entnommen sind, war ich neugierig geworden; von ihr erwartete ich mir weitere Erklärungen für Merkwürdigkeiten am Sankt Lorenzstrom, die ich mir nicht erklären konnte. In ihrem Buch ist nicht nur von Amerika und Montréal, sondern auch von Walter Benjamin, von Franz Kafka, von Elias Canetti und von Isaak Babel die Rede.

JIDDISCH AM MONT-ROYAL
Literarische Erfahrungen einer Immigrantin

Outremont heißt eine der achtundzwanzig selbständigen Gemeinden, aus denen sich die Stadtlandschaft der Insel von Montréal zusammensetzt. Outremont gilt auf der Insel als bessere, jedoch nicht als allerbeste Adresse. Gegründet worden war die Gemeinde um 1900 als frankophones Gegenstück zu Westmount, dem an die Westflanke des Bergs Mont Royal geschmiegten Villenviertel der anglophonen Bourgeoisie. Um der Neugründung ein wenig historische Patina zu verschaffen, hat man ihr die lateinische Devise *Ultra montem fortitudo* verpaßt, »jenseits des Berges die Stärke«, was sich leicht als vatikanisches Motto mißverstehen läßt. Latein ist überhaupt sehr beliebt in diesem Teil der Neuen Welt, die Stadt Saint-Léonard im Osten der Insel von Montréal empfängt den Besucher mit dem Pionier-Motto *Res non verba*, »Sachen, nicht Worte«, was jemanden, der eher mit Wörtern zu hantieren gewohnt ist, diesem wortlos tüchtigen Saint-Léonard rasch verschreckt den Rücken kehren läßt. Dann noch lieber die Stärke hinterm Berg in Outremont, die allerdings im Gegensatz zum Wohlstand mit bloßem Auge schwer auszumachen ist.

Zu sehen sind gepflegte Parks, stille breite Straßen mit Einfamilienhäusern und Volvos in der Einfahrt, sorgfältig unterhaltene Gärten, Schaufenster schicker Läden und Feinschmeckerrestaurants an den Einkaufstraßen. Sozial dem Frankfurter Westend vergleichbar, ist Outremont die Adresse von Politikern, Fernsehredakteuren, Rechtsanwälten, Psychoanalytikern, Universitätsprofessoren. In Outremont haben sich nach dem Zweiten Weltkrieg aber auch Chassidengemeinden niedergelassen, deren Angehörige mit ihrem Aufzug, der einst der Tracht des polnischen Adels nachgebildet war, in der nordamerikanischen Umgebung wie Figuren aus einem kulturanthropologischen Museum wirken.

Die Einheimischen unterscheiden fein zwischen dreierlei Outremonts: *Outremont-ma-Chère*, dem teuren Villenviertel, in dem unter anderem der ehemalige kanadische Premierminister Pierre Elliot Trudeau wohnt; *Outremont-casher*, dem Viertel, in dem sich die Chassiden konzentrieren; und *Outremont-pas-cher*, dem unteren, an einen Bahndamm grenzenden und deshalb auf dem Immobilienmarkt weniger geschätzten Viertel. Hier wohnt die Schriftstellerin und Historikerin Régine Robin. Mit den Chassiden aus der Nachbarschaft hat sie etwas gemein, das ist die jiddische Muttersprache; sonst aber trennt sie alles von den in ihren Gemeinden eingeschlossenen Hütern der religiösen Tradition.

Régine Robin kennt die verwickelten Verhältnisse der Sprachen und Zugehörigkeiten in Montréal von innen und aus langjähriger Anschauung und kann sie gleichzeitig aus der Distanz betrachten. Seit Mitte der siebziger Jahre lebt sie in Québec, hat die Erfahrung der Immigration durchgemacht, ist in der Zwischenzeit kanadische Staatsbürgerin geworden, hat aber nicht nur den französischen Paß, sondern auch die Verbindungen mit Frankreich beibehalten. Doch auch ihre französische Herkunft ist eine zusammengesetzte Größe: Geboren ist sie in Paris, ein paar Monate nach Ausbruch des Zweiten Weltkriegs, als Kind polnisch-jüdischer Eltern, die Anfang der dreißiger Jahre nach Frankreich emigrierten und deren Umgangssprache Jiddisch war. Kaum auf der Welt, wurde dem Kind jedoch die Unbefangenheit gegenüber dieser Muttersprache ausgetrieben, denn es mußte im nazibesetzten Paris lernen, sie nach außen hin zu verleugnen und sich in korrektem Französisch auszudrücken, um sich und ihre Angehörigen nicht als Juden zu verraten. Zweisprachigkeit ist für Régine Robin eine frühe und unter Zwangsbedingungen erworbene Erfahrung. Daß eine Sprache zur unheimlichen und verbotenen Sprache werden kann, das hat sie in die Lage versetzt, im Werk Sigmund Freuds, Franz Kafkas, Elias Canettis und Georges Perecs Spuren einer »verlorenen Sprache« zu entdecken, wie es in der Einleitung zu ihrem Buch *Le Deuil de l'origine* heißt.[1]

Bis 1932 hatten ihre Eltern in der Kleinstadt Kaluszyn östlich von Warschau gelebt. Sie hatten Polen damals fluchtartig verlassen müssen, weil ihr Vater, Schmil Ajzersztejn, als polnischer Kommunist ins Visier der Polizei Pilsudskis geraten war. Die Emigration nach Frankreich hat ihn nicht nur vor deren Nachstellungen bewahrt, sondern ihn auch den Folgen der Liquidation der polnischen Partei durch Stalin entgehen lassen und vor der Ermordung durch die Nazis gerettet. Régine Robin hat die in der Familie gern erzählte Legende von der Berufung ihres Vaters zum Revolutionär während des russisch-polnischen Krieges 1920 aufgeschrieben:

»1920 machen die bolschewistischen Einheiten in Kaluszyn halt. Wilde Jagd der Reiter, die aus der Tiefe der Steppe kommen, rote Fahnen knallen im eisigen Wind, Eisenstein-Epos. An ihrer Spitze Lenin. Ein Lenin, der mehr einem Kosakenfürsten gleicht als einem bolschewistischen Führer, doch ich mochte diese mythische Überblendung legendärer Bilder. Mein Vater, ein ganz junger Mann, sieht Lenin auf einem schönen Schimmel vorbeigaloppieren. Er versteht nichts, wie Fabrice bei Waterloo. Er ist überwältigt und fasziniert. Er entschließt sich, der Armee zu folgen, über den Bug hinüberzugehen und unwiderruflich im jungen Sowjetrußland zu leben. Kurz vor dem Übergang über den Bug wird mein Vater von einem politischen Kommissar der Armee freundlich ausgefragt:

›Ich bin auf eurer Seite. Ich will mit euch ziehen. Ich bin ein echter Bolschewik‹, sagt der Halbwüchsige und ist den Tränen nah.

›Ein Bolschewik arbeitet dort, wo das Schicksal ihn zur Welt hat kommen lassen‹, antwortet der eifrige Propagandist. ›Auch Polen wird sozialistisch werden.‹

Mein Vater dachte nach, ließ sich überzeugen und schwor sich, auf dieser immerhin feindseligen Erde ein echter Bolschewik zu werden. Bei der Rückkehr entging er wie durch ein Wunder einem Pogrom und sah darin ein Schicksalszeichen.«[2]

Der Vater, Sohn eines jüdischen Musikers, hat Lenin natürlich nicht gesehen, nur ein paar versprengte Reste der Ersten Reiterarmee sind ihm begegnet. In seiner Heimatstadt Kaluszyn leitete er danach die kommunistische Sektion, bis ihn die Polizei aus dem Land trieb. Den Zweiten Weltkrieg überlebte er als unter falschem Namen eingetragener, kriegsgefangener französischer Soldat in einem Lager bei Hannover, die Mutter entging in Paris nur mit knapper Not der Verhaftung und Deportation in die Vernichtung.

Mit Politik und Geschichte ist Régine Robin von klein auf konfrontiert worden, zu Hause und in dem Wohnbezirk von Belleville, dem traditionellen Pariser Arbeiterviertel. Von den Eltern wurde sie in die sozialistisch geführte jiddische Sonntagsschule geschickt. Beim Tod Stalins 1953 sah sie ihren Vater Tränen vergießen, 1956 erlebte sie mit, wie der alte Bolschewik beim Bekanntwerden von Chruschtschows Geheimbericht einen Schock erlitt und sich dann in seiner Verzweiflung dem Zionismus an den Hals warf. Schon aus Opposition gegen ihren Vater hielt es die Tochter weiter mit den Kommunisten. Nach beendeter Schulzeit entschied sie sich für das Studium der Geschichte, wenngleich ihre Neigung dem Theater und der Literatur galt; doch damals war sie der Überzeugung, ohne den Hintergrund einer generationenalten cartesianischen Erfahrung in

Frankreich nicht das Recht zu haben, die Literatur zum Beruf zu machen.

Nach Abschluß ihres Geschichtsstudiums und einigen Jahren Lehrtätigkeit in Dijon und Nanterre nahm Régine Robin Mitte der siebziger Jahre eine Stelle an einer Montréaler Universität an. Die Übersiedlung ist für sie, von heute aus gesehen, außerordentlich folgenreich gewesen. Sie ließ Geschichte als Fach ein Stück weit in den Hintergrund treten und ermutigte die Historikerin dazu, sich aus den Fesseln des akademischen Denkens und Schreibens zu lösen. Ganz anders als in Frankreich, sah sie sich in der Québecer Gesellschaft dazu herausgefordert, sich mit ihrer Herkunft und mit dem Bewußtsein der Zugehörigkeit geistig auseinanderzusetzen und dafür auch eine geeignete Sprache zu finden. Die Französin kam in ein französischsprachiges Land und entdeckte hinter der vertrauten Sprache lauter Fremdheiten, im Selben das Andere, im Ähnlichen das Unvergleichbare. Mit den Québécois teilt sie die Sprache, nicht aber die Kultur. Daß beides nur lose miteinander zusammenhängt, ist eine der wichtigsten neuen Einsichten, die sie durch die Einwanderung in Québec gewonnen hat.

Das amtliche Québec sortiert die Immigranten nach der Sprachherkunft auseinander: Was nicht im Muster der kanadischen anglo-französischen Zweisprachigkeit unterkommt, wird mit dem Etikett »allophon« versehen. Als Französin geriet Régine Robin automatisch in das Register der Frankophonen und wurde damit der Bevölkerungsmehrheit in Québec einverleibt. Mit dieser Mehrheit fühlt sie sich jedoch nicht mehr verbunden als mit der anglophonen Minderheit. Sie hat sich in der Zwischenzeit angewöhnt, sich im Hinblick auf ihre erste Muttersprache, Jiddisch, als »Allophone französischer Herkunft« zu definieren, was den Einheimischen Kopfschmerzen bereitet, sie bringen »allophon« und »französisch« nicht unter einen Hut, entweder das eine oder das andere.

Der Ortswechsel von Paris nach Montréal setzte Régine Robins zurückgestellten Schreibwunsch frei. Es entstand der autobiographische Roman *Le cheval blanc de Lénine*, der nicht nur von der Lebensgeschichte der Eltern erzählt, sondern auch in wissenschaftstheoretische Reflexionen über Geschichtsschreibung und Literatur kleine Montréaler Szenen hineinmontiert, von denen ich ein Stück wiedergeben möchte, weil sie mir die Atmosphäre der Stadt außerordentlich gut zu treffen scheinen:

»Die Bagel-Händlerin der Rue Saint-Urbain wohnte vor dem Krieg in der Gesia-Straße in Warschau. Kennen Sie Kaluszyn? Nein, meine Famile stammt aus Lublin. Wir sind 1928 hier angekommen. Ach so! Stundenlang mit den Ukrainern herumstreiten, sie als Pogromisten beschimpfen und dann feststellen, daß sie genauso links sind wie man selbst. Die Sprache der Immigranten sprengt die Stereotypen, in denen man sie, nach Völkern geordnet, einsperren möchte. Die Juden, wissen Sie, sind alle reich und haben krumme Nasen, die Italiener sind Diebe und schleppen überall ihre mit Dollars besteckte Jungfrau Maria herum, die Portugiesen denken nur an die Jungfrau von Fatima, die Anglo-Kanadier bestehen aus Ahornsirup und sind wenig originell, die Spanier sind mißtrauisch, die Deutschen diszipliniert und die Engländer phlegmatisch. Die Sprache des Immigranten, die stets den Sinn der Wörter erfinden muß, die kein Wörterbuch besitzt und sich in einer beständigen semantischen Amnesie bewegt, läßt das in Stücke springen, was die Völker trennt. Von überallher und von nirgendwo in dieser unvollendeten Gegenwart, in dieser Mosaikstadt aus Mac Donald und Crêpe bretonne, in diesem semantischen Patchwork, diesem uneinnehmbaren Babel, an diesen Treffpunkten eingeschneiter Einsamkeiten.«[3]

Die Immigrantin verharrte nicht lange auf dem Beobachtungsposten, den sie der neuen Welt gegenüber zunächst eingenommen hatte, sie verspürte Lust, sich einzumischen und den

Streit mit dieser Gesellschaft aufzunehmen, die der proklamierten Offenheit zum Trotz ihrer Erfahrung nach allerhand unsichtbare Barrieren gegen fremde Einmischungen aufgebaut hat. »Die Québec-Stumme« heißt in vager deutscher Übersetzung der Roman, den sie 1983 herausbrachte und der heftige Diskussionen entfachte.[4] Die Ich-Erzählerin des Romans schickt drei weibliche Figuren auf Erkundungsreise durch die Montréaler Gesellschaft und Stadtlandschaft, alle drei haben miteinander gemeinsam, daß sie aus Paris eingewandert und daß sie jüdisch sind; die eine läßt sich in dem anglophonen jüdisch geprägten Snowdon-Viertel nieder, die andere heiratet einen frankophonen Nationalisten, die dritte zieht in ein von italienischen und lateinamerikanischen Immigranten bewohntes Viertel. Alle drei Geschichten handeln von der Schwierigkeit, die Erinnerung an die in Europa untergegangene jüdische Kultur lebendig zu halten und sich in einer Gesellschaft Gehör zu verschaffen, die zu sehr mit sich selbst beschäftigt ist, um fremden Stimmen jenseits oberflächlicher Toleranz einen Platz einzuräumen. In der Erzählung bleibt die Hintertür für die Rückkehr offen: Air France, Boeing 747, Abflug 20 Uhr 45 von Montréal-Mirabel nach Paris.

Régine Robins *La Québécoite* muß in Québec damals viel Staub aufgewirbelt haben, jedenfalls wird das Buch häufig genannt, wenn ich nach interessanter Literatur der achtziger Jahre frage. Der Kritik, die das Buch an der Québecer Gesellschaft übt, wurde allerdings sogleich der Stachel genommen, indem man es in die Kategorie »ethnische Literatur« einreihte; das Ethnische war 1983 gerade in Mode gekommen. Eine Journalistin glaubte verstanden zu haben, daß die Autorin soeben aus der hinteren Ukraine eingewandert sei, und wollte sie zu ihrem originellen Blick auf Québec beglückwünschen; als sie erfuhr, daß die Autorin von nicht ganz so weit herkommt, daß sie in Paris geboren und aufgewachsen war, interessierte sie das geplante Interview nicht mehr. »Ethnisch« heißt nach diesem Verständnis, dem vermeintlich Exotischen höflich respektvoll zu begegnen, aber nichts davon an sich heranzulassen. Régine Robin will aber nicht als Exotin gelten, die dekorative Farbtupfer beisteuert, sie will, daß man ihre Intervention ernstnimmt, und ist der Ansicht, daß die Gesellschaft des Immigrationslandes und ihre Literatur davon nur profitieren kann:

»Die Kultur läßt sich nur von außerhalb begreifen, im Reiben einer Sprache an der anderen, im Weben und Flechten der Sprachen, im Umstand, daß die andere Sprache die eigene Sprache fremd werden läßt. Ohne diesen Abstand, ohne diese Ergänzung, ohne diese Dezentrierung, ohne diese Leerstelle in der Identität gibt es keine Literatur. Es gibt dann nur Sprachrohre, Hymnensänger, Verfasser von Heimatromanen und Heimatdichtung, was zu seiner Zeit vielleicht einen gewissen Reiz besaß; naiverweise hat man angenommen, das alles sei vorbei. Der literarische Nationalismus ähnelt jener berühmten Frittenpfanne, von der Barthes laut Robbe-Grillet gesprochen hat: Sie können hineinwerfen, was Sie wollen, am Ende kommt immer eine Fritte heraus.«[5]

In ihren beiden Romanen collagiert die Autorin, die auch Alfred Döblin genau gelesen hat, heterogene Materialien, zum Beispiel Schulbuchgeschichten vom seinerzeitigen Martyrium frankokanadischer Missionare unter den Irokesen und Zitate aus der Gestapo-Verordnung zur Deportation der Juden aus Paris. Zweierlei Vergangenheiten: In Québec mußten die frankophonen Schulkinder in den bis Ende der sechziger Jahre streng katholischen Schulen mit Mönchen aus dem siebzehnten Jahrhundert leiden, erfuhren aber praktisch nichts von der Vernichtung der Juden in Europa mitten im zwanzigsten Jahrhundert. Nicht nur um die kritische Auseinandersetzung mit der Québecer Gesellschaft aber geht es Régine Robin, sondern auch um die Überprüfung der eigenen Prägung durch Frankreich und den Historikerberuf und durch die Familienherkunft. Mit *Le cheval blanc de*

Lénine habe sie sich etwas von der Tradition des Ostjudentums einschließlich seiner Arbeiterbewegung wieder aneignen wollen, ohne in Nostalgie zu verfallen. Aus der Beschäftigung mit dieser Vergangenheit ergab sich, fast unvermeidlich in einem Land, das von den Sprachen viel Aufhebens macht, das nächste Projekt, eine Studie über die jiddische Sprache, die 1984 erschienen ist. In der Einführung warnt die Autorin vor falschen Erwartungen: »Die Juden sind, scheint es, in Mode. Umso besser in gewisser Hinsicht, doch scheue ich mich ein wenig vor einer bestimmten rührseligen Folklore nach der Art ›Fiedler auf dem Dach‹. Sie hat in Amerika Verheerungen angerichtet. Der große Dichter J. Glatstein zog auf jiddisch gegen die Folklorisierung zu Felde, gegen alle jene ›Honigmargarinen‹, die der kulturelle Ausweis für die *Jiddischkeit* geworden sind ... Diese Kultur wird nur jenseits der Folklorisierung am Leben erhalten werden, durch die Arbeit an ihren Werten, ihrer Geschichte, durch eine allmähliche Wiedergewinnung ihres sprachlichen und geistigen Raums. Die Tremolos über das *Schtetl* werden sie nicht wieder zum Leben erwecken.«

Das von den in Montréal heimisch gewordenen Chassiden gesprochene Jiddisch hat mit dem, was sich für die Autorin dieses Buchs mit jiddischer Kultur verbindet, nicht mehr viel zu tun – eine museifizierte Sprache, die so wenig behagt wie das museale jiddische Theater, das im Montréaler Bronfman Centre unterhalten wird und für sie einer Karikatur des früheren jiddischen Theaters gleichkommt. Mit *L'amour du Yiddish* hat Régine nicht etwa eine weitere Geschichte der jiddischen Sprache geschrieben, es ist vielmehr die Rekonstruktion des Kampfs, der um die Anerkennung des Jiddischen als Sprache der Literatur und der Reflexion geführt worden ist. Es war ein langwieriger und verwickelter Kampf, denn nicht nur der religiöse Traditionalismus widersetzte sich der Emanzipation des Jiddischen vom Ghetto, sondern auch die Aufklärung einschließlich der jüdischen Haskalah, die das Jiddische als heruntergekommenes Deutsch, als Unsprache, als Kauderwelsch des ungebildeten Volks verurteilte. Die Verachtung des Jiddischen ist nicht nur der Judenfeindschaft oder dem Selbsthaß, sondern auch dem Klassenvorurteil entsprungen. Um die Jahrhundertwende war aus dem ostjüdischen Jargon gegen alle Widerstände eine anerkannte Literatursprache geworden, die in der jüdischen Welt Osteuropas sogar in den Wettbewerb mit dem Hebräischen um den Rang der jüdischen Nationalsprache eintreten konnte. Entgegen den düsteren Prophezeiungen derer, die in der Assimilation das einzige Heil der Befreiung sahen, blieben die jiddischen Schriftsteller geistig dem Schtetl keineswegs verhaftet, sie wurden in die Aufbruchsbewegungen der Metropolen hineingerissen und arbeiteten auf etwas hin, was Régine Robin eine Synthese aus »Jiddischkeit und Modernität« nennt.

Als Terrain für diese Synthese bot sich nach 1917 das revolutionäre Rußland an, das den künstlerischen Avantgarden anfänglich freie Bahn ließ und den nationalen Kulturen Autonomie gewährte. Ein bedeutender Teil von *L'amour du Yiddish* ist der wenig bekannten Geschichte der jiddischen Sowjetliteratur gewidmet, der Geschichte ihrer Triumphe im Werk von Der Nister, David Bergelson, Moische Kulbak, Perez Markisch, und der Geschichte ihrer schrittweisen Auslöschung durch den Stalinismus, die in der Exekution Bergelsons, Markischs und anderer jüdischer Intellektueller am 12. August 1952 gipfelte. Aus verschiedenen Archiven hat Régine Robin die Materialien für die Darstellung dieses kaum bekannten Kapitels zusammengetragen, unter anderem aus dem einstmals in Wilna ansässigen New Yorker YIVO-Institut. Sie fand dort die Texte von Oden auf Stalin, die Markisch, seit 1939 Träger des Lenin-Ordens, in den vierziger Jahren geschrieben hatte; dem Institut war das peinlich, man wollte sie nur einen kurzen Blick hineinwerfen, sie die Texte keinesfalls kopieren lassen – der Name Perez Markisch soll offenbar nur als Name eines Stalinismusopfers in Erinnerung bleiben, das Zwielicht politischer Widersprüchlichkeit ist unerwünscht.

1989 griff Régine Robin ein Thema auf, das sie seit den siebziger Jahren beschäftigte: Es ist die Beziehung Kafkas zum Jiddischen und darüber hinaus zu den Sprachen überhaupt. »Ob ›entlehnte‹ oder aus Liebe gewählte Sprache, ob Zweisprachigkeit aus Überlebensgründen oder Zweisprachigkeit der Bildung – die Durchquerung der Sprachen ist mit der jüdischen Frage eng verbunden. Dem jüdischen Schriftsteller gibt die Sprache ganz besondere Probleme auf. Sie kann nicht ohne die Identität, die zu ihr gehört, und die Art und Weise, in der sie das Judentum in ihm bekräftigt oder im Gegenteil es auflöst, gedacht oder geträumt werden.«[7]

Kafkas besondere Liebe zum Jiddischen spricht besonders aus seinem Vortrag zur Einführung des Warschauer Schauspielers Jizchak Löwy, den Max Brod später »Rede über die jiddische Sprache« überschrieb. Für die polyglotte, mit Jiddisch als erster Muttersprache aufgewachsene Autorin ist es offenkundig, daß Kafka vom Jiddischen kaum eine Ahnung hatte. Er verstand oberflächlich jiddische Sätze, so wie jeder Deutschsprachige jiddische Sätze versteht, wenn deren zentrale Wörter germanischen Ursprungs sind. Die Bedeutung, die Jiddisch in Kafkas Vorstellung angenommen hat, läßt sich nach Auffassung Régine Robins nur dann erfassen, wenn Jiddisch in Beziehung gesetzt wird zu der Rolle, die drei andere Sprachen, Deutsch, Tschechisch und Hebräisch, in Kafkas Bewußtsein spielten.

»Kafka ist jener Schriftsteller des Unmöglichen, der sagt, er liebe das Tschechische, das er zwar kennt, aber nicht wirklich beherrscht, der Deutsch zu verabscheuen behauptet, während es seine einzige durch und durch beherrschte Sprache ist, die Sprache, in der er schreibt, der über Jiddisch phantasiert, während er davon abgeschnitten ist, und der im Blick auf eine mögliche

›Rückkehr‹ mit Verbissenheit Hebräisch lernt.«[8] Dem Jiddischen wandte Kafka sich nach Auffassung Régine Robins zu, weil ihn die in Prag gastierende jiddische Theatertruppe außerordentlich faszinierte, aber es war auch Enttäuschung über das Tschechische im Spiel; Kafka habe sich zuerst zum Tschechischen als der Sprache des Prager Volks, der Dienstboten, der Volksmärchen und der Dichtung Božena Nemcovás hingezogen gefühlt, dann aber entdeckt, daß dieses Tschechische nicht immun war gegen Judenhaß und Nationalismus. Jiddisch hingegen war davon unbelastet. Es war die Sprache des ostjüdischen Volks, lebendig und frisch und noch nicht »den Grammatikern« in die Hände gefallen, wie es in der »Rede über die jiddische Sprache« heißt.

Régine Robin findet Kafkas Lob der jiddischen Sprache recht ambivalent, weil es in bester Absicht die Vorurteile aufgreift, die von der Haskalah über das Jiddische in Umlauf gesetzt wurden – Sprache ohne Grammatik, »Jargon«, »fühlend zu verstehen« –, das abschätzig Gemeinte jedoch ins Positive wendet. Ein solches Verständnis des Jiddischen mußte es schwermachen, gleichzeitig eine jiddische Modernität wahrzunehmen, die darauf aus war, Jiddisch vom Ruch des volkstümlichen Jargons zu befreien und den Sprachen der literarischen Erneuerung an die Seite zu stellen. Kafkas Vorliebe galt dem eher konventionellen jiddischen Theater. Er entdeckte es in dem Augenblick, in dem die jiddischen Schriftsteller Osteuropas und der USA alles daransetzten, mit seinen Konventionen zu brechen und sowohl auf der Bühne als auch in Erzählungen einen neuen zeitgenössischen Ton zu finden.

Die jiddischen Schriftsteller, deren Kampf um Erneuerung *L'amour du Yiddish* verfolgt, und der Verfasser der »Rede über die jiddische Sprache« konnten sich nach Ansicht Régine Robins deshalb nicht treffen, weil sie ganz unterschiedlichen Welten entstammten. Sie waren in der Tradition, gegen die sie dann heftig rebellierten, aufgewachsen und von ihr durchdrungen, während Kafka sich ihr von außen näherte. Kafkas jiddische Tradition ist für Régine Robin weit mehr eine erträumte als eine gelebte Tradition, doch gerade darin gewann sie für ihn an Bedeutung: »Nur eine unbekannte Sprache, eine Sprache, die das verlorene Band bedeutet, konnte ihm einen Anschein von Identität verschaffen.«[9] Kafka sah sich gezwungen, sich zu erkämpfen und erobern, was für alle, die einer Gemeinschaft angehören, selbstverständlich ist. Deshalb vor allem ist seine Beziehung zu den Sprachen für Régine Robin von Interesse.

Seit dieser Arbeit ist das Problem der verlorenen, der verborgenen, der heimlichen Sprache ins Zentrum ihrer Überlegungen zur Literatur gerückt. Die im Anschluß daran entstandene Studie *Le deuil de l'origine* beschäftigt sich neben Kafka mit Freud, Canetti und Perec. Nicht der vollständige Wechsel der Sprache wie bei Conrad, Nabokov oder Beckett steht zur Debatte, sondern die abwesende Anwesenheit einer zweiten Sprache im Werk von Schriftstellern, die in einer einzigen Sprache geschrieben haben. Bei Canetti ist es das Spaniolisch des Großvaters, das sich auf einmal in den *Stimmen von Marrakesch* zurückmeldet, bei Freud und Perec hört die Autorin das Jiddisch der Vorfahren laut in der Beherrschung der jeweiligen Sprache mitschweigen. Der Begriff der Muttersprache wird für sie immer fragwürdiger, er löst sich schließlich auf: »Man bewohnt niemals seine Sprache«, heißt es am Ende dieses lesenswerten Buchs.[10]

Weitere Bücher sind im Entstehen begriffen oder bereits abgeschlossen, darunter ein Band mit Erzählungen. 1995 ist *Le Naufrage du Siècle*[11] erschienen, ein Essay, der den Denkmalsturz im postkommunistischen Osteuropa zum Anlaß nimmt, eine Trauerarbeit anzumahnen, die bisher ausgeblieben ist. Mit dem trotz aller Gorbimania umstandslos geschluckten Scheitern von Gorbatschows Perestroika mag Régine Robin sich nicht ohne weiteres abfinden, sie betrachtet es als große Tragödie: »Gorbatschow ist zweifellos die letzte tragische, shakespearehafte Verkörperung eines nicht reformierbaren Systems. Kaum vorzustellen, was der Gorbatschowismus zur Zeit von Chrutschtschow hätte bewirken können, im Augenblick des 20. Parteitags der KPdSU 1956, drei Jahre nach Stalins Tod.«[12] Die Geschichte der Sowjetunion läßt sich für sie nicht einfach beiseite räumen, damit Platz geschaffen wird für die ohnehin triumphierende Gegenwart, auch in ihrem Desaster steckt für sie ein Stück ihrer eigenen Geschichte und das ihrer Familie: Um das zu unterstreichen, hat sie ihr Buch von 1979 *Le cheval blanc de Lénine* mit seiner Legende von der Berufung ihres Vaters zum Bolschewiken unverändert in den neuen Band aufgenommen. Dem späteren Weg ihres Vaters mag sie nach wie vor nicht folgen, der Zionismus ist für sie keine Lösung, seiner Tradition zieht sie die Tradition der Bundisten vor, trotz Plechanow, der die Bundisten als Zionisten mit Angst vor der Seekrankheit verspottete. Den Schnee von Québec zieht sie dem Strand von Tel-Aviv vor.

Régine Robin preist Montréal als einen für Schriftsteller außerordentlich anregenden Ort.»... Ort einer möglichen Erneuerung des Schreibens als Spiel mit den verschiedenen Intertexten, die sich einarbeiten, mischen und parodieren lassen, mit den verschiedenen Sprachen (in meinem nächsten Roman soll es außer Französisch Englisch, Russisch und Deutsch geben), mit den verschiedenen Registern des Französischen, mit den Varianten des gesprochenen Französisch, mit den verschiedenen kollektiven Erinnerungen, die loszuwerden man auch lernen muß: ein Ort der Problematisierung der Identitäten und der Infragestellung eingewurzelter Gewißheiten.«[13] Es schreibt sich nicht nur gut an diesem Ort, meint die Autorin, wovon ihre beachtliche literarische Produktivität Zeugnis ablegt, es lebt sich dort auch als Fremde nicht schlecht. Seit sie *La Québécoite* veröffentlicht hat, registriert sie mannigfache Veränderungen in der Gesellschaft der Provinz. Minoritäten und Immigranten sehen sich besser als vorher akzeptiert, und das dunkle Kapitel der Québecer Vergangenheit, der klerikal gefärbte Nationalismus, der in den dreißiger Jahren mit Mussolini und Salazar liebäugelte, wird langsam zum Gegenstand selbstkritischer Überprüfung.

STADT DES SPRACHENSTREITS
Von Czernowitz nach Tscherniwzi

M an ist aufs Eintauchen in den Inbegriff des Alteuropäischen gefaßt, und dann überrascht beim ersten Rundgang durch Czernowitz der Eindruck von etwas Amerikanischem. Es fällt vor allem im Kontrast zum Anblick des Städtchens Sadagora auf, dem letzten vor der Ankunft in Czernowitz durchfahrenen Ort am anderen Ufer des Pruth. Sadagora, russische Übersetzung von Gartenberg, dem Namen eines russischen Generals, paßt mit seinen niedrigen Häusern und Katen und seinen holprigen Straßen zum überlieferten Bild Osteuropas. Viel mehr als Czernowitz hat Sadagora im 19. Jahrhundert die gläubigen Ostjuden angezogen, denn dort hielten die Wunderrabbis vom Geschlecht der Friedman Hof: Von ihrem mit den Spenden der Chassiden errichteten Palast sind heute nur noch die Außenmauern übriggeblieben, in dem bizarren Gebäude hat sich eine Fabrik eingerichtet. Die kurze Fahrt aus dem schmuddeligen Sadagora hinaus und hinüber über den Fluß nach Czernowitz führt in eine andere Welt.

Nicht der in der Stadt vorherrschende Baustil erweckt die Assoziation Amerika, wohl aber die Empfindung, von anderswoher verpflanzte Baustile vor Augen zu haben. In dieser ehemaligen Hauptstadt der Bukowina am südöstlichen Zipfel Galiziens wimmelt es von Gebäuden, die nach Wien und nach Graz passen, nicht aber zu einem Landstrich sechshundert Kilometer nordwestlich von Odessa. Dieses Czernowitz ist großenteils als österreichische Kolonialstadt neu aufgebaut worden, nachdem

Mitte des 19. Jahrhunderts verheerende Brände das jüdische Viertel und Teile der Altstadt zerstört hatten. So wie in der Antike die Griechen Sizilien zu ihrem Amerika machten, so machten im 19. Jahrhundert die Österreicher die Bukowina zu ihrem inländischen Auswanderungsland. Von überallher wurden Siedler mit Versprechungen und Steuernachlässen an den Pruth gelockt. Es ging um die Kolonisierung eines fruchtbaren kleinen Landes, das Mitte des 19. Jahrhunderts als eigenes Kronland vom größeren und armen Galizien abgetrennt wurde. Es ging aber auch um die kulturelle Germanisierung der von Ruthenen, Polen, Rumänen und anderen Völkern bewohnten Bukowina. »Wie wäre es, wenn in diesem Österreich, welches seinen Germanisierungsberuf bisher so schlecht erfüllt hat, wenn in dieser Zeit, welche die Nationalitäten Österreichs in hellem Aufstande gegen das Deutschtum sieht, ein slawisch geborener Dichter von den Ufern des Pruth eine vortreffliche deutsche Novelle an die Borde des Main und des Neckar zu senden hätte?«, schrieb der österreichische Schriftsteller Ferdinand Kürnberger bei Erscheinen der Novelle *Don Juan von Kolomea* des gebürtigen Lembergers Leopold von Sacher-Masoch. Und der ehemalige demokratische Revolutionär Kürnberger ließ ein östliches Äquivalent für sonst im amerikanischen Westen angesiedelte Pionierphantasien anklingen, als er hinzufügte: »Wir sahen von den Prärien der Weichsel und von den Waldgebirgen des Dnjestr deutsche Dichter auferstehen, neue, erdgeborne Menschen, welche nicht Bücher aus Büchern machen, sondern Bücher aus der Natur. Ihre ›Quellen‹ sind nicht dumpfe Stadtbibliotheken, sondern die wirklichen Quellen in Feld und Wald. Ihre Existenzen drehen sich nicht um Kandidaten- und Privatdozentenjammer, ihr Lieben und Leiden nicht um die ersehnte Staatsstellung, um die verblühte oder von einem anderen heimgeführte Braut. Wir hatten eine Poesie zu hoffen aus einem *Naturland*, nicht aus einem Beamtenland.«[1]

Alles, was deutsch sprach, war im österreichischen Czernowitz willkommen, auch Juden aus anderen Teilen des Habsburgerreichs, wenn diese nur dazu beitrugen, das Gewicht des
Deutschen zu verstärken. Den Juden wurde nach der österreichischen Judenemanzipation sogar gestattet, Landgüter zu erwer-
ben und zu bewirtschaften, was ihnen andernorts noch verwehrt
war. Der Psychoanalytiker Wilhelm Reich zum Beispiel ist auf
einem solchen jüdischen Landgut in der Bukowina aufgewachsen.

Um die Jahrhundertwende hatte die vorher hauptsächlich
von Ruthenen und Rumänen bewohnte Stadt so viele Neu-
ansiedler angezogen, daß gleich mehrere deutschsprachige Zeitungen ihre Leserschaft fanden. Um den bildungshungrigen
Nachwuchs in der Stadt zu halten, ihn nicht nach Wien oder
Prag abwandern zu lassen, wurde in einem alten Armeearsenal
eine Universität eingerichtet; später ist die Universität in den
merkwürdig byzantinisch dekorierten Palast des griechisch-ori-
entalischen Metropoliten umgezogen, wo sie noch heute unter-
gebracht ist. Ganze Fakultäten, behauptete einmal der in Habsburger Angelegenheiten bewanderte Eric Hobsbawm, hätten
sich seinerzeit mit gebürtigen Czernowitzern besetzen lassen;
die schnell gewachsene Stadt muß im Nu staunenswerte intellektuelle Ausstrahlung hervorgebracht haben. Czernowitz erscheint in Karl Emil Franzos' galizischem Bildungsroman *Der
Pojaz* von 1905 als Vorposten westeuropäischer Aufklärung, als
an den Rand Rußlands und Galiziens vorgeschobenes Mini-
Wien, in dem die strengen Chassiden nichts mehr zu sagen haben, in der »jeder Jud' ein ›Deutsch‹ ist«, das heißt assimiliert, wo
man sich kleiden kann, wie man will, und wo das Theater kein
verrufener Ort ist, sondern ein Bildungstempel.

Schiller und Shakespeare grüßen von der Fassade des Czernowitzer Theaters, allerdings nicht mehr in lateinischer, sondern in
kyrillischer Schrift. Vor dem Theater, das seinerzeit die Wiener

Architekten Hellmer und Fellner, die Erbauer des Hotels King George in Lemberg, entworfen haben, steht kein Schillerdenkmal mehr, die ukrainische Dichterin Olga Kobyljanski, nach der auch die frühere Herrengasse benannt ist, thront dort auf ihrem Sockel und kehrt dem Theaterplatz mit seinen Rosenbeeten und Bänken den Rücken zu. In jeden Satz, der sich bildet, wenn ich etwas über Czernowitz aufschreiben will, schlüpft das »nicht mehr«, das fängt schon mit den Namen der Stadt an. Czernowitz heißt nicht mehr Czernowitz wie bei den Österreichern, sie heißt ukrainisch Tscherniwzi, nachdem sie zwischen den beiden Weltkriegen rumänisch Cernăuti und in der Sowjetzeit russisch Tschernowzy geheißen hatte. Die große Czernowitzer Synagoge unweit des Theaterplatzes ist keine Synagoge mehr, sondern ein Kino – das allerdings nicht mehr »Oktober« heißt wie bis 1990, sondern schlicht »Kinotheater Tscherniwzi«. Die einstmals riesige jüdische Gemeinde ist auf einen winzigen Rest zusammengeschmolzen, von den wenigen, die der Ermordung durch die Nazis und ihre rumänischen Kollaborateure entgingen, sind viele in die USA oder nach Israel emigriert. Alles, was gegenwärtig in Czernowitz zu sehen ist, steht so sehr im Bann dessen, was nicht mehr zu sehen ist, daß ich mich frage, ob man am Ende überhaupt noch etwas sieht.

In Deutschland und in Österreich ist die interessante Ausstellung »In der Sprache der Mörder. Eine Literatur aus Czernowitz, Bukowina« gezeigt worden.[2] Nachdem ich die Ausstellung besucht und verschiedene Reiseberichte gelesen hatte, die aus Anlaß der Ausstellung veröffentlicht wurden, hatte ich das Gefühl, daß es für mich nach meinem Besuch in Czernowitz nichts Berichtenswertes mehr aufzuschreiben gibt. Die Wege zu den Geburtshäusern Paul Celans und Rose Ausländers sind schon ganz ausgetreten, als letzter Vertreter der jüdischen Dichtung in Czernowitz hat sich der greise Josif Burg ein paar dutzendmal in seiner Wohnung besuchen und zusammen mit seiner russischen

Frau porträtieren lassen, als Vorsitzender der jüdischen Kulturgemeinschaft »Elieser Steinbarg« wurde der Mann vorgestellt, der berufsmäßig die Tanzkapelle im Hotel Tscheremosch dirigiert, dem in den achtziger Jahren von einem ungarischen Kombinat errichteten Betonkasten am Rand der Stadt, in dem die auswärtigen Berichterstatter absteigen, manchmal findet auch noch der Umstand Erwähnung, daß die Bukowina früher das Holz für die besten Konzertflügel geliefert hat und daß das ebenso wie vieles andere vorbei ist. Und es wird immer wieder der Satz aus Paul Celans Dankesrede zur Verleihung des Bremer Literaturpreises von der Bukowina als einer Gegend zitiert, »in der Menschen und Bücher lebten«; das also haben die Leute begriffen, Celan müßte seine Rede heute nicht mehr mit den Worten einleiten: »Die Landschaft, aus der ich zu Ihnen komme, dürfte den meisten von Ihnen unbekannt sein.«[3] Man kennt sie jetzt, aber man kennt sie unter einem eigenartigen Blickwinkel.

Die Überschrift der in Berlin konzipierten Ausstellung über Literatur aus Czernowitz – »In der Sprache der Mörder« – will gewiß das wache historische Bewußtsein der Ausstellungsmacher zum Ausdruck bringen und bringt dabei doch etwas ganz anderes zuwege. Die Dichtung, die vorgestellt wird, war demnach in einer ganz besonderen Sprache geschrieben, in der »Sprache der Mörder«: eine merkwürdige Rückprojektion, denn das Deutsch, das Rose Ausländer, Paul Celan, Alfred Margul-Sperber, Victor Wittner, Gustav Chomed, Immanuel Weißglas, Alfred Kittner, Selma Meerbaum-Eisinger und andere in Czernowitz schrieben, mußte noch nicht mit dem Deutsch Eichmanns und Himmlers koexistieren; nachdem dann die deutschen Mörder auch Czernowitz heimgesucht hatten, gab es dort keine deutsche Literatur mehr. »Sprache der Mörder« dient letzten Endes dazu, diese Literatur aus Czernowitz rückwirkend mit einem paradox anrüchigen Akzent zu versehen, der sie gleichzeitig umso interessanter macht, sie in eine grelle Beleuchtung rückt; ihre Umgebung jedoch versinkt dabei im Halbdunkel. Das Czernowitz, das es nicht mehr gibt, wird unter der Hand in eine Stadt verwandelt, in der alles, was schrieb, offenbar auch deutsch schrieb. Der außerordentliche kulturelle Spannungszustand, der gerade in den beiden Jahrzehnten zwischen den Weltkriegen herrschte, in denen diese deutschsprachigen Czernowitzer Dichter zu schreiben begannen, gerät im Schatten der »Sprache der Mörder« in Vergessenheit. Die Stadt, in der Paul Celan aufwuchs, befand sich im Umbruch, und zwar nicht nur wegen der in den Pariser Vorortverträgen entschiedenen Ausdehnung des rumänischen Staatsgebiets auf die Bukowina, sondern auch durch die im osteuropäischen Judentum in Gang gekommene Auseinandersetzung über Nation und Sprache. Sander L. Gilman, ausgezeichneter Kenner der Problematik, kennzeichnet die Sprachsituation in Czernowitz nach dem Ende des Ersten Weltkriegs:

»1919, nach dem Ende der Monarchie, war ein Konglomerat nationaler Sprachen übriggeblieben, der Druck auf sprachliche Minderheiten war enorm. Die Sprache der Kultur in Celans Welt war das Deutsche; die Staatssprache Rumänisch; die Alltagssprache Jiddisch; die Sprache der Religion Latein oder Hebräisch; und auf der Straße hörte man Ungarisch so oft wie die slawischen Sprachen Polens und der anderen neuen Staaten im Osten. Jüdisches Identitätsgefühl war in dieser Welt bald eng verbunden mit dem Entwirren dieses Sprachenknäuels. Eine ›jüdische‹ Sprache zu sprechen, hieß außerhalb stehen. Die Lösung schien darin zu liegen, gerade mit dieser Sprachenvielfalt den Anspruch auf eine Position jenseits nationaler Sprachen zu begründen.«[4]

Mit dem Ortsnamen Czernowitz ist ein für die Geschichte der Juden in Osteuropa äußerst bedeutungsvolles Ereignis verbunden, das in den wehmutsvollen Elegien über den verschwundenen Ort deutscher Literatur im Osten des ehemaligen Habsburgerreichs gar nicht oder nur am Rande erwähnt wird, obwohl man von der speziellen Widersprüchlichkeit der damaligen Czernowitzer Sprachsituation wenig begreift, wenn dieses Ereignis außer Betracht bleibt. Es handelt sich um die »Sprachkonferenz von Czernowitz«, die Anfang September 1908 stattfand und die in der Geschichte der modernen jiddischen Literatur und des jüdischen Sprachbewußtseins, den entsprechenden Darstellungen nach zu schließen, ein höchst wichtiges Datum gesetzt hat.

Somit verweile ich noch einen Augenblick bei Czernowitz, einem weiteren Czernowitz, das nicht mehr ist, doch erst nach einem Umweg über New York. Dort, im Stadtteil South-Bronx, saßen im Jahr 1907 mehrere Intellektuelle beisammen, der jiddische Schriftsteller David Pinski, der Philosoph und Übersetzer des *Kommunistischen Manifests* ins Jiddische Chaim Schitlowsky, der aus Witebsk stammte und sich gegen das im Cheder gelernte Hebräisch und gegen das Russisch der Assimilation für Jiddisch entschieden hatte, und der gebürtige Wiener Nathan Birnbaum. Der Jurist Birnbaum hielt sich nur vorübergehend in den USA auf, er hatte seinen Wohnsitz zwischenzeitlich in Czernowitz aufgeschlagen. Was die ihrer Herkunft und politischen Überzeugung nach sehr unterschiedlichen Intellektuellen zusammenführte, war die Idee, dem Jiddischen ein öffentliches Forum zu verschaffen, das seiner wirklichen Verbreitung in Osteuropa und in den Immigrantenvierteln der Neuen Welt Rechnung trug. Sie entwarfen eine entsprechende Resolution, die dann unter anderem von Jakob Gordin unterzeichnet wurde, dem großen Erneuerer des jiddischen Theaters. Auf mehreren öffentlichen Veranstaltungen in New York wurde für das Zustandekommen einer jiddischen Sprachkonferenz geworben. Nathan Birnbaum hielt flammende Ansprachen, jedoch nicht auf Jiddisch, sondern auf Deutsch, denn er beherrschte die Sprache nur mangelhaft, für die er in die Bresche sprang. Er nahm den Auftrag mit nach Hause, in Czernowitz die vereinbarte jiddische Sprachkonferenz vorzubereiten.[5]

Gerade in Czernowitz, wo laut Franzos' *Der Pojaz* »jeder Jud ein ›Deutsch‹ ist«, öffentlich für Jiddisch eintreten zu wollen, und zwar für Jiddisch als Kultursprache und mögliche Nationalsprache der Juden, das mußte als Herausforderung an die Adresse der deutsch assimilierten Juden aufgenommen werden. Man hätte sich einen bequemeren Tagungsort aussuchen können, eine der galizischen Städte, in denen Jiddisch die ohnehin vorherrschende Umgangssprache der jüdischen Bevölkerung war. Birnbaum hatte Czernowitz gewählt, nicht in erster Linie der Provokation halber, sondern weil er dort lebte und sich auskannte. Die Tendenz zur Assimilation an die deutsche Kultur herrschte auch nicht mehr ungebrochen. Als Herausgeber der Wiener *Neuen Zeitung* hatte Birnbaum unter Studenten, die aus Czernowitz stammten, Anhänger für seine Vorstellung von einer nationalen jüdischen Kultur gefunden.

Die Juden Galiziens und der Bukowina blieben nicht unbeeinflußt von der unter den Völkern des Habsburgerreichs am Jahrhundertbeginn grassierenden Idee nationaler Emanzipation. 1907 hatte sich Nathan Birnbaum in einem galizischen Wahlkreis als unabhängiger jüdischer Kandidat aufstellen lassen, der zugleich der von niemandem repräsentierten ruthenischen Bevölkerung versprach, im Fall seiner Wahl auch ihre nationalen Interessen zu vertreten. Seine Kandidatur scheiterte, weil viele der potentiellen jüdischen und ruthenischen Wähler mit Waffengewalt daran gehindert wurden, die Wahllokale zu erreichen. In Galizien war es durchaus üblich, Wahlentscheidungen durch den Eingriff von Polizei und Militär in die gewünschte Richtung zu lenken, wie der ukrainische Schriftsteller Ivan Franko unter Überschriften wie »Die neueste Wahlkomödie in Galizien« oder »Unmögliches in dem Lande der Unmöglichkeiten« in der Wiener Wochenzeitung *Die Zeit* seinerzeit mitgeteilt hat.[6] Birnbaum hatte gegen das ungeschriebene Gesetz verstoßen, das die Juden Galiziens dazu anhielt, stets für den Kandidaten der herrschenden Nationalität, in diesem Fall der polnischen, zu stimmen. Nach der politischen Niederlage machte Birnbaum sich daran, den Kampf um die »Selbst-Emanzipation«, wie er eine von ihm herausgegebene Zeitung programmatisch nannte, im Bereich der Sprache und der Kultur fortzuführen.

Am 30. August 1908 begann die Sprachkonferenz, bei deren Vorbereitung Birnbaums Anhänger unter den Czernowitzer Studenten mitgeholfen hatten. In diesem Jahr war in Czernowitz das »Jüdische Haus« eröffnet worden, in Analogie zu dem »Deutschen Haus« in der Herrengasse, dessen großer Saal mitunter auch von Czernowitzer Juden für den Gottesdienst an hohen Feiertagen gemietet wurde. Das neue Jüdische Haus war der Tagungsort. Das mächtige, vier Stockwerke hohe, an der Fassade mit Karyatiden und Säulen verzierte, halb neo-barock, halb neo-klassizistisch ausgerichtete Gebäude ist unbeschädigt erhalten geblieben. Es steht am Theaterplatz und korrespondiert architektonisch verstohlen mit dem Theaterbau schräg gegenüber, den es in der Höhe leicht überragt. Nach dem Zweiten Weltkrieg hat das Haus den »Club der Leichtindustrie« beherbergt. Den auswärtigen Besuchern des Gebäudes wird gleich gezeigt, wie man in der sowjetukrainischen Ära die Erinnerung an die frühere Bestimmung des Jüdischen Hauses ausgelöscht hat: Die Davidsterne, die das schmiedeeiserne Treppengeländer zieren, wurden durch Absägen von jeweils zwei Zacken entjudaisiert. Doch die jüdische Kulturgesellschaft »Elieser Steinbarg« kann inzwischen im Haus wieder tagen und zum Beispiel Josif Burg auf Jiddisch von den Bauern und Flößern der Bukowina erzählen lassen, unter denen er aufgewachsen war.

Unter den Teilnehmern der Konferenz von 1908 waren einige der damaligen Berühmtheiten der jiddischen Literatur, Schalom Asch und Jizchak Leib Perez (der eingeladene Scholem Alejchem hatte sich mit Krankheit entschuldigt), Chaim Schitlowsky kam aus New York angereist, der Bund, die große jüdische Arbeiterbewegung, war durch ihre Vorsitzende mit dem Pseudonym »Esther« vertreten, die linken Zionisten von *Poale Zion* hatten einen Repräsentanten geschickt. Eingeladen waren auch mehrere Linguisten, Spezialisten für jiddische Grammatik; die Masse der Teilnehmer setzte sich aus Delegierten der verschiedenen osteuropäischen Lander mit bedeutender jüdischer Bevölkerung zusammen, des zaristischen Rußland, Galiziens, der Bukowina und Rumäniens. In seiner Eröffnungsansprache hob Nathan Birnbaum hervor, daß dies die erste weltweite Initiative in Sachen Jiddisch sei; eingeweihte Zuhörer mußten dabei schmunzeln, weil sie wußten, daß Birnbaum seine Rede auf Deutsch geschrieben hatte und daß sie dann ins Jiddische übersetzt worden war. Aber sie mußten einräumen, daß der gebürtige Wiener Birnbaum Jiddisch ganz ordentlich aussprach, und zwar mit leicht galizischem Tonfall.[7]

Der fast eine Woche lang tagenden Konferenz war von ihren Initiatoren die Aufgabe übertragen worden, ein Votum zu erarbeiten in der Auseinandersetzung über die Frage, welches die künftige nationale Sprache der Juden sein soll. Denn wenn sich die Juden als Nation verstanden, wie es den Anschein hatte, dann mußte diese Nation, dem Beispiel der anderen sich emanzipierenden Nationen Europas folgend, auch eine nationale Sprache haben, in dieser Voraussetzung war man sich in Czernowitz offenbar weitgehend einig. Der Weg der in der Tagungsstadt selbst dominierenden deutschen Assimilation stand überhaupt nicht zur Debatte. Es gab ein Dilemma hinter der Sprachfrage, das in Form einer sarkastischen Redensart so umschrieben wurde: Hebräisch ist die Sprache der Juden, aber sie ist tot; Jiddisch wird von den Juden zwar gesprochen, ist aber keine Sprache. Gegen dieses Verdikt vor allem wandten sich die Veranstalter; die Linguisten wiesen nach, daß die schriftliche Tradition des Jiddischen so alt war wie die anderer europäischer Sprachen, daß es jiddische Grammatiken gegeben hatte, bevor beispielsweise eine

Grammatik des Niederländischen existierte. Jiddisch war also eine eigene Sprache und nicht ein wildwuchernder Parasit des Deutschen, wie es die nichtjüdischen und jüdischen Verächter des Jiddischen behaupteten.

Streit entzündete sich an der Frage, ob diese Sprache auch als vollwertige Kultursprache betrachtet werden könne. Es gab Stimmen, die für die Russifizierung des Ostjudentums plädierten, sie kamen vor allem aus Rußland. Andere wollten am Hebräischen als der Sprache der jüdischen Tradition und der Schriften festgehalten sehen. Dagegen wandte sich der junge Linguist Matthias Mieses[8] in seinem *Manifest des Jiddischen*, dessen Thesen zusammengefaßt lauten: »Manche geben dem Hebräischen den Vorzug, aber diese Vorliebe ist ambivalent. Sie werfen Rasse und Sprache zusammen. Fast alle indoeuropäischen Sprachen werden von nicht-indoeuropäischen Völkern gesprochen. Zwischen Rasse und Volk schiebt sich *die sich ständig entwickelnde Geschichte.* Die Völker haben ihre Sprache in den meisten Fällen von Eroberern übernommen. Es gibt keinen Zusammenhang, und zwar schon seit langem nicht mehr, zwischen Rasse und Sprache. So wenig wie eine Trennung zwischen Nationalsprache und Volkssprache, wie man uns einreden will. Nur ein paar Aristokraten können diesen Standpunkt teilen. Hebräisch ist eine Buchsprache. Es ist keine lebende Sprache. *Das Hebräische ist unsere Nationalsprache der Vergangenheit, das Jiddische ist unsere Nationalsprache der Gegenwart.* Unter linguistischem Gesichtspunkt ist Jiddisch eine Sprache wie jede andere; unter dem Gesichtspunkt der jüdischen Geschichte ist Jiddisch unsere nationale Sprache; unter dem Gesichtspunkt der modernen Kollektivpsychologie ist Jiddisch mit einer großen Volkskultur, mit Hunderten von Fabeln, mit Tausenden von Gedankenassoziationen und Gefühlen verbunden.«[9]

Auf der Tagesordnung der Konferenz von Czernowitz standen aber nicht nur Grundsatzfragen der Sprache. Jiddische Orthographie, die jiddische Presse, das jiddische Theater, der ökonomische Status des jiddischen Schriftstellers, darüber sollte ebenfalls diskutiert werden. Es wurde vorgeschlagen, für Jiddisch die lateinische Schreibweise einzuführen, das hätte vor allem Nathan Birnbaum sehr gepaßt. Doch der Hauptstreitpunkt blieb bestehen: Jiddisch oder Hebräisch? Esther vom proletarischen Bund setzte sich vehement für Jiddisch ein und verlangte die beschleunigte Übersetzung der großen Werke der europäischen Kultur ins Jiddische. Ein großer Teil der Delegierten war jedoch zionistisch orientiert oder hing stark an der Tradition und nahm die Qualifizierung des Hebräischen als tote Sprache nicht widerspruchslos hin. Es bedurfte der ganzen Autorität des von allen respektierten Schriftstellers Perez, um gegen den Einspruch der Traditionalisten zu erreichen, daß Mathias Mieses' Jiddisches Manifest überhaupt ins Protokoll aufgenommen wurde. Perez war es auch, der gegen das Votum der Bundisten für Jiddisch als einziger nationalen Sprache des jüdischen Volkes eine Kompromißformel vorschlug: »Die Konferenz erkennt Jiddisch als eine nationale Sprache des jüdischen Volkes an und ruft zur Einheit der Juden innerhalb einer jiddischen Kultur jiddischer Sprache auf.«[10] Die Mehrheit der Delegierten stimmte schließlich der Resolution zu, die Jiddisch als »eine ethno-nationale jüdische Sprache« definiert, was hieß, daß Hebräisch als andere nationale Sprache gelten sollte. Das war viel weniger, als Birnbaum und Schitlowsky erwartet hatten, aber es bedeutete immerhin die symbolische Befreiung des Jiddischen von dem Ruch, nichts als ein heruntergekommener Abklatsch des mittelalterlichen Deutsch zu sein.

Ihre Hoffnung, in Czernowitz Unterstützung für den Aufbau einer jiddischen Kulturorganisation zu finden, erfüllte sich jedoch nicht, es gelang nicht einmal, ein ständiges Sekretariat ins Leben zu rufen. Das Echo auf die Konferenz in Osteuropa ist dem Birnbaum-Biographen Joshua Fishman zufolge geteilt gewesen: »Wie zu erwarten, war die Antwort der Hebraisten und extremen Zionisten rückhaltlos feindselig. Jiddisch war in ihren Augen eine Sprache, die das Judentum von den unvergleichlich klassischen Höhen zu der Oberflächlichkeit und Ausdruckslosigkeit solch roher Bauernsprachen wie Ukrainisch, Litauisch oder Rumänisch herunterzog.«[11] Die jüdische Arbeiterbewegung wiederum warf der Konferenz vor, dem guten Einvernehmen mit der Bourgeoisie zuliebe die Interessen der jiddisch sprechenden Massen verraten zu haben. Doch Fishman spricht von einem »Geist von Czernowitz«, der bis zum Ausbruch des Zweiten Weltkriegs in den jiddischen Schulen, Jugendclubs, Theatern und kulturellen Vereinigungen Polens, Litauens und Rumäniens und auch in den entsprechenden Einrichtungen der Sowjetunion trotz Gängelung weiterlebte. In Czernowitz selbst war dem Geist von Czernowitz ein widersprüchliches Schicksal beschieden.

Nathan Birnbaum blieb in der Stadt zurück, gab zwei Zeitungen heraus, die in deutscher Sprache erscheinende *Das Volk* und das in jiddischer Sprache erscheinende *Dr. Birnbojms Wochnblat*, und richtete mit der Unterstützung der jungen ukrainischen Nationalbewegung einen Buchladen ein. Es erscheint von heute gesehen schwer nachvollziehbar, daß sich damals ausgerechnet ukrainische Nationalisten und jüdische Jiddischisten zusammentun konnten, doch solchen Merkwürdigkeiten begegnet man häufig, wenn man sich die Geschichte des allmählichen Zerfalls der Habsburger Ordnung im Osten und Südosten ansieht. In Czernowitz war der Zusammenarbeit zwischen Jiddischisten und Jung-Ukrainern aber kein großer Erfolg beschert, Birnbaum mußte den Buchladen schließen und zog 1911 aus Czernowitz weg: »Die am Ort dominierende jüdische Atmosphäre, eine Mischung aus ›mechanischem politischen Zionismus‹ und ›mimetischer Germanisierung‹ befriedigte ihn nicht und akzeptierte ihn auch nicht.«[12] Er ging im russischen Polen und in verschiedenen

Regionen des Habsburgerreichs auf Vortragsreise. In Prag saß Franz Kafka unter den Zuhörern, als Birnbaum im Januar 1912 über die Ostjuden sprach, war aber vom Redner nicht ganz überzeugt: »Ostjüdische Gewohnheit, wo die Rede stockt, ›meine verehrten Damen und Herren‹ oder nur ›meine Verehrten‹ einzufügen. Wiederholt sich am Anfang der Rede Birnbaums zum Lächerlichwerden. Soweit ich aber Löwy kenne, glaube ich, daß solche ständigen Wendungen, die auch im gewöhnlichen ostjüdischen Gespräch oft vorkommen, wie ›Weh ist mir!‹ oder ›S' ist nischt‹ oder ›S'ist viel zu reden‹ nicht Verlegenheit verdecken sollen, sondern als immer neue Quellen den für das ostjüdische Temperament immer noch zu schwer daliegenden Strom der Rede umquirlen sollen. Bei Birnbaum aber nicht.«[13]

Gegen Ende seines Lebens kehrte Nathan Birnbaum den weltlichen Angelegenheiten der Juden den Rücken und suchte Zuflucht in der Religion. »Um den späten Birnbaum ist eine spenglersche Aura, die den ›Untergang des Abendlands‹ prophezeit und die Juden mahnt, ihr Heil (und das der Welt) käme einzig von der Versenkung in den Glauben, die Werte und Bräuche der Tradition. Am Ende sah er im Jiddischen einen Weg zu *diesem Ziel* und lehnte dabei seinen Gebrauch für hedonistische, moderne Zwecke ab, also derjenigen, für die er sich vor und nach der Sprachkonferenz von Czernowitz 1908 starkgemacht hatte.«[14]

Birnbaum erscheint wie ein Vorläufer späterer intellektueller Regionalisten und Autonomisten, die hinter ihrer großstädtischen und universalistischen Sozialisation eines Tages die verdeckten bretonischen, okzitanischen, walisischen oder sonstigen Wurzeln entdecken, diese kräftig düngen und begießen und dann daraus prächtige Blüten sprießen lassen. Sie haben die jeweilige Sprache zwar erst auf Sommerschulen mühsam erlernen müssen und nie flüssig gesprochen, aber das hat sie nicht daran gehindert, deren Geist viel besser zu verstehen als die Bauern und Arbeiter, die mit ihr aufgewachsen waren. Eines Tages wieder entdecken sie, daß das jeweilige Bretonentum oder Walisertum die Erlösungserwartungen nicht tragen kann, die sie auf ihm angehäuft hatten; sie nehmen sie wieder mit und deponieren sie etwa beim religiösen Fundamentalismus.

Der »Geist von Czernowitz«, von dem Fishman spricht, scheint am Czernowitz der zwanziger und dreißiger Jahre im übrigen nicht ganz spurlos vorübergegangen zu sein. In Czernowitz großgeworden war der jiddische Lyriker Itzik Manger, der dann über England in die USA auswanderte und 1969 kurz nach seiner Übersiedlung nach Israel, hochgeehrt als jiddischer Dichter, starb. Israel Chalfen teilt in seiner Biographie des jungen Celan mit, daß Celan Manger gekannt, aber überhaupt nicht geschätzt hat; Jiddisch lehnte er wie die Denker der Haskalah, wie Fritz Mauthner, Arthur Koestler und das in Czernowitz tonangebende Milieu als »verdorbenes Deutsch« ab. Daran begann sich etwas zu ändern, als sich der Romanistikstudent Celan in die Schauspielerin Ruth Lackner verliebte, die nach der Besetzung von Czernowitz durch die Sowjetunion 1940 an dem von den Sowjets eingerichteten jiddischen Theater spielte. Durch Ruth Lackner kam er mit einem um deren Vater versammelten Kreis von Jiddischisten in Berührung, die an der neuen staatlichen Jiddischen Schule unterrichteten, die sich sowohl in der deutschen als auch der jiddischen Dichtung und Volkskunst auskannten und mit Celan über Probleme der Sprachen diskutierten.[15] Als einen fernen Gruß an den Czernowitzer Jiddistenkreis läßt sich Celans Gedicht »BENEDICTA« aus der *Niemandsrose* lesen, das ein jiddisches Motto trägt und mit dem jiddischen Wort bentschen für »segnen« endet:

»Du, die du's sprachst in den augen-
losen, den Auen:
dasselbe, das andere
Wort: Gebenedeiet.

Ge-
trunken.
Ge-
segnet.
Ge-
bentscht.«[16]

Auch das ein Czernowitz, das nicht mehr ist, die Stadt der
Sprachkonferenz, der Jiddistenzirkel, das »Babel des Ostjudentums«, wie Verena Dohrn in ihrer *Reise nach Galizien*[17] schreibt.
Jedem sein Czernowitz: den Deutschen und Österreichern der
verlorene Außenposten deutscher Literatur, den jungen Amerikanern, die ihre Wurzelsuche mit Jiddischlernen beginnen, der
Mythos von der allesbegründenden Sprachkonferenz. Josif Burg,
der im Tscherniwzi der Gegenwart lebt, weiß unterdessen nicht
mehr, wo er seine jiddischen Texte drucken lassen soll. Der Mos-
kauer Verlag, in dem er als langjähriges Mitglied des sowjetischen Schriftstellerverbandes, Sektion jiddische Literatur, veröffentlicht hat, gehört jetzt zum russischen Ausland und hat
andere Sorgen, und in der unabhängigen Ukraine gibt es keine
Setzerei für hebräische Schrift.

Außerhalb der Stadt, am Ufer des Pruth, hat sich ein wilder
Markt breitgemacht. Er wird von den Behörden geduldet, weil
sie allem Anschein nach gelernt haben, an ihm mitzuverdienen.
Über einen Zaun und über viele Personen- und Kleinlastwagen
sind orientalische Teppiche gebreitet. Tscherniwzi liegt nicht
weit von der Grenze Rumäniens und der Moldaurepublik entfernt. Die Autokennzeichen der Wagen weisen darauf hin, daß

die Händler nicht nur aus den unmittelbaren Nachbarländern der Ukraine kommen, sondern auch aus fernen russischen Republiken, aus der Türkei und aus Syrien. Rose Ausländers Spiegelkarpfen, der in fünf Sprachen schweigt, lernt hier vielleicht langsam wieder sprechen, nur anders.

UNTER DEN BÄUMEN VON DROHOBYCZ
Spuren der Mörder von Bruno Schulz

Von Krakau nach Lemberg fuhr Anfang Juli 1941 der SS-Scharführer Felix Landau. Der aus Wien stammende gelernte Kunsttischler hatte in Österreich ein paar Jahre im Gefängnis gesessen, verurteilt für seine Beteiligung am Mordkomplott gegen den Kanzler Dollfuß im Jahr 1934. Seit seiner Jugend Nationalsozialist, trat Landau nach dem Anschluß Österreichs in die Wiener Gestapo ein. Nach der Besetzung Polens wurde der in der Praxis der Enteignung von jüdischen Vermögen mittlerweile erfahrene Landau zur Gestapo in der polnischen Stadt Radom kommandiert. Als ihm dort seine junge österreichische Geliebte eröffnete, daß sie weiterhin zu ihrem zur Wehrmacht einberufenen Verlobten hielt, wollte Landau weg aus Radom. Es kam ihm gelegen, daß um diese Zeit Hitlers Armeen die Sowjetunion überfielen und sich damit im Osten neue Betätigungsfelder für tatendurstige Nazis eröffneten. Er meldete sich zu einem Einsatzkommando der SS-Einsatzgruppe C und wurde umgehend nach Lemberg in Marsch gesetzt, das gerade von der Wehrmacht besetzt worden war. Anfang Juli 1941 traf Landau dort ein.

Gleich nach der Ankunft wurde das Einsatzkommando aus Radom zum Erschießen von fünfhundert Juden befohlen, die von Ukrainern unter tätiger Mithilfe der Nazipropaganda beschuldigt worden waren, für die Massaker verantwortlich zu sein, die sowjetische NKWD-Einheiten kurz vor ihrem Rückzug bei der Niederschlagung des Aufstandsversuchs einer ukrainischen Untergrundbewegung vor allem unter den bereits gefangengenommenen Aufständischen angerichtet hatten. »Im Laufe des Nachmittags«, notierte Landau, »wurden nun noch ungefähr 300 Juden und Polen umgelegt.« Am nächsten Tag sollten weitere achthundert Juden, die von der ukrainischen Miliz im ehemaligen NKWD-Gefängnis zusammengetrieben wurden, von Landaus Einsatzkommando erschossen werden, doch kam es nicht dazu, weil jemand die Tore der Zitadelle geöffnet hatte. »Dort sahen wir Dinge, die bestimmt noch selten jemand gesehen hat. Am Eingang der Zitadelle stehen Soldaten mit faustdicken Knüppeln und schlagen hin, wo sie treffen. Am Eingang drängen die Juden heraus, daher liegen Reihen von Juden übereinander wie Schweine und wimmern sondergleichen, und immer wieder traben die hochkommenden Juden blutüberströmt davon . . . Nichts dagegen, nur sollten sie die Juden nicht in diesem Zustand herumlaufen lassen.«[1]

Das Einsatzkommando wurde dann nach Drohobycz südwestlich von Lemberg verlegt. Der dortige Ortskommandant der Wehrmacht war von der Anwesenheit der SS-Kameraden laut Landaus Aufzeichnungen nicht begeistert. Er erklärte ihnen, es gäbe für sie an diesem Ort nichts zu tun, außerdem stünden die Juden von Drohobycz unter dem Schutz der Wehrmacht. Doch schon eine Woche später hatte sich das Einsatzkommando Arbeit verschafft und dreiundzwanzig Juden zum Erschießen ausgesucht. »Ist doch eigentümlich, da liebt man den Kampf und dann muß man wehrlose Menschen über den Haufen schießen«, schrieb Landau in sein Tagebuch. In einem Waldstück ein paar Kilometer außerhalb der Stadt mußten die Opfer ihr Grab ausheben; Landau ließ sie etwas länger schaufeln, als es notwendig gewesen wäre, denn, überlegte er rücksichtsvoll, »da denken sie nicht zuviel.« Er erinnerte sich daran, daß er selbst einmal, 1934 im österreichischen Kanzleramt, vor den Maschinengewehrläufen der Heimwehr stand, er erinnerte sich daran, daß er trotz Todesdrohung hart geblieben war, und so redete er sich jedes Mitleid mit den Opfern aus. »Nun stehe ich heute als Überlebender vor anderen, um sie zu erschießen«, notierte er, nachdem er vom Erschießungsplatz in sein Quartier zurückgekehrt war.[2] Das Einsatzkommando wurde danach in eine ständige Gestapostelle umgewandelt. Felix Landau, der sich selbst als »Judengeneral« apostrophierte, stieg zu ihrem Chef auf. In seinem Amtsbereich sorgte er nicht nur für Ordnung, sondern auch für Schönheit. Sowohl für das SS-Kasino als auch für die Räume seiner requirierten Villa wünschte Landau eine künstlerische Ausgestaltung. Er hatte sich inzwischen mit seiner Geliebten Trude wieder versöhnt und erwartete ihren Einzug in sein Haus. Unter den ins Ghetto gesperrten und zur Arbeit gezwungenen Juden von Drohobycz fand er einen Mann, der ihm für diese Aufgabe geeignet schien, den Zeichenlehrer des Gymnasiums, Bruno Schulz. Solange Schulz damit beschäftigt war, die Wände des Landauschen Heims mit Motiven aus den Märchen der Brüder Grimm zu bedecken, befand er sich in relativer Sicherheit. Eines Tages jedoch hatte sein Herr den Einfall, den Zahnarzt Löwe zu erschießen, der dem SS-Scharführer Karl Günther als Haussklave diente, und das nahm ihm der Kamerad übel. Er rächte sich bei nächster Gelegenheit, indem er seinerseits Landaus Haussklaven Bruno Schulz erschoß, am 19. November 1942, mitten in der Stadt, nur wenige Schritte von dem Haus am Marktplatz entfernt, an dem Bruno Schulz zur Welt gekommen war. Schulz trug an diesem Tag bereits die falschen Papiere in der Tasche, die ihm Warschauer Freunde besorgt hatten, um ihm die Flucht aus dem Ghetto von Drohobycz zu ermöglichen. Doch Schulz zögerte die Flucht hinaus, er wollte offenbar seine von ihm miternährten Verwandten nicht im Stich lassen.

»Die Deutschen ordneten für den 19. November eine sogenannte wilde Aktion an. Jeder Jude, dem man auf der Straße begegnete, wurde auf der Stelle erschossen. An diesem Tag hatten wir 230 Opfer, viele gehörten der Intelligenz an. Der Anblick dieser Opfer auf dem neuen Friedhof von Drohobycz war entsetzlich. Neben dem Friedhofsdienst war ich der einzige Zeuge dieses schrecklichen Begräbnisses.« So lautet der Augenzeugenbericht von Samuel Rothenberg, dem es gelang, nach diesem Massaker aus Drohobycz zu entkommen und bis zur Ankunft der Roten Armee 1944 in einem Versteck zu überleben.[3]

Es gibt kein Grab von Bruno Schulz zu besuchen in Drohobycz, denn der Friedhof wurde dem Erdboden gleichgemacht. Doch es gibt die Adresse des Hauses, in dem Schulz bis zur Verbannung ins Ghetto gewohnt und in dem er gezeichnet und seine Bücher geschrieben hat, Florianska 10 heißt die laut der Absenderangabe aus den Briefen, die Schulz aus Drohobycz abgeschickt hat. Drohobycz ist inzwischen jedoch ukrainisch geworden und hat die alten polnischen Straßennamen ausgewechselt. Die Führerin, die sachkundig eine kunstvoll ohne jede Eisenverbindung aus Holz zusammengefügte, aus dem 17. Jahrhundert stammende orthodoxe Kirche erläutert hat, kennt den Namen Bruno Schulz nicht und weiß deshalb auch nicht, wo das Haus zu suchen wäre. Daß sie sich an die Kirche hält, ist verständlich, denn an ihr scheinen die Kriege und Besitzwechsel spurlos vorübergegangen, die Drohobycz im zwanzigsten Jahrhundert erlebt hat: Es war habsburgisch-galizisch bis 1918, polnisch von 1919 bis 1939, sowjetisch von September 1939 bis Juni 1941, von 1941 bis 1944 von den Nazis besetzt und dem von ihnen geschaffenen »Generalgouvernement« Polen einverleibt, nach Ende des Zweiten Weltkriegs sowjetisch-ukrainisch, seit 1991 gehört die Stadt zur unabhängigen Republik Ukraine.

Die Adresse, an der Bruno Schulz 1892 als jüngstes Kind des Textilhändlers Jakub Schulz und seiner Frau Henrietta zur Welt kam und aufwuchs, ist nach der Beschreibung in den biographischen Notizen auch ohne Führung leicht zu finden, an einer Ecke des quadratischen Marktplatzes. Das Haus allerdings steht nicht mehr, es fiel bereits dem Ersten Weltkrieg zum Opfer und ist durch ein modernes Gebäude ersetzt. Auf dem Marktplatz flanieren Leute an wenigen Gemüseständen vorbei. Nichts erinnert an das Bild, das Alfred Döblin nach seinem Besuch in Drohobycz 1924 vom Leben auf dem Marktplatz aufzeichnete:»Ein viereckiger weiter Marktplatz. Buden und Tische, Pferde, Gespann, Fiakerreihen. Und alles in Lehm und Unrat von Stroh, Schutt, Abfällen versinkend. Eine Linie Tische hat im Mist ausgelegt bunte Tuchballen. In Buden hängen Kopftücher, Wäschestücke. Dahinter schwatzen und rufen Händler und Händlerinnen, Juden, nur Juden, mit deutschen Namen.«[4] Nicht nur die Pferdegespanne und die Misthaufen sind vom Platz verschwunden, auch von den jüdischen Händlerinnen und Händlern ist nichts übriggeblieben.

Der große Brockhaus von 1892 gibt an, daß die Stadt um 1890 17 916 Einwohner hatte, davon »etwa 6200 Deutsche, 4500 Ruthenen, der Rest Polen, darunter etwa 8700 Israeliten.« Eine eigenartige Form von Einwohnerstatistik, die erst nach weiterem Durchrechnen erkennen läßt, daß der »Rest Polen«, rechnerisch 7216 Köpfe, die stärkste nationale Gruppe in Drohobycz bildete. Wie sich die 8700 »Israeliten«, gut die Hälfte der Bevölkerung, unter Polen und Deutschen verteilten, sagt der Brockhaus nicht. Zum polnischen »Rest« und zur Konfession »Israeliten« zählte jedenfalls die Familie des Textilhändlers Schulz. Als »Ruthenen« wurden im habsburgischen Galizien die Ukrainer bezeichnet, manchmal zum Leidwesen der Ukrainer selbst, denn der Name war von »Ruthenia« abgeleitet, der latinisierten Bezeichnung für Rußland, und als Russen wollten sie nicht gelten.

In Drohobycz ins Gymnasium gegangen war der 1856 in einem Dorf der Gegend als Sohn eines Schmieds zur Welt gekommene ukrainische Schriftsteller Ivan Franko. In einem 1903 in der Wiener Zeitung *Die Zeit* veröffentlichten Artikel berichtete Franko über seine in Drohobycz verbrachten Jugendjahre.

Er hatte die Stadt als Provinznest in Erinnerung, das »weder durch geistiges Niveau noch durch gesellschaftlichen Verkehr noch sonst irgendwo hervorragt«.[5] Um die Jahrhundertwende wurde das Städtchen jedoch vom Gründerfieber gepackt, nachdem in der Umgebung Ölquellen entdeckt worden waren. Man sprach von Drohobycz als dem Zentrum des »galizischen Pennsylvanien«. Das Geschäft mit dem Erdöl zog unternehmungslustige Leute aus allen Teilen des Habsburgerreichs an: Als Überbleibsel dieser Periode sind an der Hauptstraße die ehemaligen Villen der Ölindustriellen zu besichtigen. Die Ölquellen selbst, die während des Zweiten Weltkriegs von dem SS-Betrieb »Galizien-Öl« ausgebeutet wurden, sind längst versiegt.

Für den Polenreisenden Alfred Döblin war Drohobycz nichts anderes als der häßliche Hauptort einer schmutzigen Industrieregion. Er konnte nicht wissen, daß im Gymnasium dieser ihn abstoßenden Stadt ein Zeichenlehrer namens Bruno Schulz unterrichtete, der wie er selbst ergriffen Kafka las und sich anschickte, als Schriftsteller, als Maler und Zeichner von sich reden zu machen. Im gleichen Jahr 1925, teilt der polnische Schulz-Herausgeber Jerzy Ficowski mit, ist Bruno Schulz in Drohobycz zum ersten Mal mit dem Schriftsteller Stanislaw Ignacy Witkiewicz zusammengetroffen, der dann 1927 mit dem Roman *Unersättlichkeit* an die Öffentlichkeit trat, einem Buch, das als furioser Auftakt der literarischen Moderne in Polen gilt. Einige Jahre später ist Witold Gombrowicz dem zu Besuch in Warschau weilenden Schulz begegnet, in den *Polnischen Erinnerungen* heißt es dazu: »Dieser kleine Mensch war der bedeutendste Künstler unter denen, die ich in Warschau kennenlernte, unvergleichlich bedeutender als Kaden, die Nalkowska, Goetel und viele andere Literatur-Akademiker, die vor Ehrungen glänzten und sich in der Presse und in den Salons der Hauptstadt breitmachten. Die aus seiner Feder geborene Prosa war schöpferisch und makellos, er war unter uns der am meisten europäische Künstler, der das

Recht besaß, im Kreise der intellektuellen und künstlerischen Hocharistokratie Europas Platz zu nehmen. Dennoch, als ich ihn kennenlernte – und das geschah nach dem Erscheinen seines ersten Buchs, der *Zimtläden* –, war Bruno ein bescheidener Pauker in Drohobycz, ein wehrloses Wesen, dem man auf die Schulter klopfte.«[6]

Schulz' Heimatstadt Drohobycz scheint den bescheidenen Pauker, der im fernen Warschau Verehrung genoß, vergessen zu haben. Auf dem Marktplatz von Drohobycz ereignet sich dann aber doch ein unerwartetes Zusammentreffen. Zwei aufs Geratewohl angesprochene ältere Männer verstehen nicht nur sogleich die Frage nach Bruno Schulz, sie verstehen sogar deutsch. Einer der beiden trägt sowjetische Kriegsorden am Revers; er stellt sich als Mauryz Weiss vor, stammt aus Drohobycz, hat den Zweiten Weltkrieg fern von seiner besetzten Heimatstadt als Soldat der Roten Armee überlebt. Sein Begleiter heißt Lev Masur, ist aus Charkow zugezogen und steht jetzt der Jüdischen Gesellschaft in Drohobycz vor. Beide zeigen sogleich den Weg zu dem Haus, in dem Bruno Schulz von 1910 bis 1941 gelebt hat, in dem das literarische und zeichnerische Werk entstanden ist, heute gerühmt von Warschau bis New York. Mauryz Weiss weiß sehr gut Bescheid, er hat Bruno Schulz nicht nur als Zeichen- und Werklehrer erlebt, er ist auch weitläufig mit der Familie Schulz verwandt.

Zwei Minuten vom Zentrum entfernt scheint man sich schon der Peripherie zu nähern. Mächtige Bäume, einzelstehende niedrige Häuser, manche mit eingezäuntem Vorgarten. In einem baumumstandenen villenähnlichen Haus wohnt immer noch, ist zu erfahren, der ehemalige Parteichef von Drohobycz. Direkt gegenüber steht das Schulz-Haus, ein einstöckiges, doch erhöht gebautes und mit seiner klassizistisch verputzten und ockerfarbig gestrichenen Fassade in der Nachbarschaft von Bauernkaten solide städtisch wirkendes Haus. Eine kleine Plakette gibt in ukrainischer und polnischer Sprache an, daß hier von 1915 bis 1941 der »polnische Schriftsteller Bruno Schulz (1892–1942)« gewohnt hat. Alle Versuche, in dem Haus eine Gedenkstätte einzurichten, sind bisher gescheitert, die jetzigen Besitzer wollten nichts davon wissen. Das Haus hatte damals Bruno Schulz' älterer Schwester Hania gehört. Die ganze Familie war dort eingezogen, nachdem das Textilgeschäft am Ring wegen der Erkrankung des Vaters, der dann 1915 starb, aufgelöst worden war. Während des Ersten Weltkriegs war die Familie Schulz kurzzeitig nach Wien umgezogen, kehrte 1917 aber wieder nach Drohobycz zurück. Bruno Schulz hatte die Kunstakademie besuchen wollen, ließ sich von der Familie aber überreden, in Lemberg Architektur zu studieren. Das Studium mußte er jedoch wegen Krankheiten jahrelang unterbrechen und fand danach nur eine Stelle als außerplanmäßiger Zeichenlehrer in seiner Heimatstadt. Nach dem Tod seines Bruders Izydor, der als Ingenieur in der galizischen Ölindustrie Karriere gemacht hatte, sah Bruno Schulz sich gezwungen, den ungeliebten Lehrerberuf weiter auszuüben, um nicht nur sich selbst, sondern auch die Familie zu ernähren. Bis zur Verbannung in das von den Nazibesatzern eingerichtete Ghetto von Drohobycz Ende 1941 hat er mit Mutter, Schwester, Schwägerin und Neffen in dem Haus Florianska 10 gelebt und hat dort Hunderte von Zeichnungen zu Papier gebracht und die Erzählungen geschrieben, aus denen die beiden zu seinen Lebzeiten veröffentlichten Bücher *Die Zimtläden* und *Das Sanatorium zur Todesanzeige* entstanden.

»Wenn die Wurzeln der Bäume sprechen wollen, wenn sich unter dem Rasen viele Vergangenheiten, alte Romane, urtümliche Geschichten anhäufen, wenn sich unter den Wurzeln allzuviel atemloses Flüstern, unartikuliertes Gewebe und dunkler Stimmeneinsatz sammelt, der vor jedem Wort liegt, dann schwärzt sich die Rinde der Bäume und zerfällt rissig in grobe

Schuppen und tiefe Schrunden und öffnet sich der Stamm mit dunklen Poren wie ein Bärenpelz. Wenn man sich mit dem Gesicht in diesem flaumigen Pelz der Dämmerung vergräbt, dann wird es nach einer Weile ganz finster, dumpf und stickig wie unter einem Deckel. Dann muß man die Augen wie Blutegel in die schwärzeste Finsternis bohren, ihnen sanfte Gewalt antun, sie fest zudrücken, durch die dumpfe Tiefe hindurchdrängen und hindurchstopfen – und dadurch sind wir plötzlich am Ziel, auf der anderen Seite der Dinge, in der Tiefe, in der Unterwelt. Und wir sehen ...«[7]

Der Anblick der Bäume in den Gärten von Drohobycz ist nicht hilfreich bei dem Versuch, in das Geheimnis dieser Vorstellungskraft einzudringen, die Bäume in alten Geschichten wurzeln läßt und ihre Stämme mit Bärenpelz versieht: Zwischen den einen und den anderen Bäumen will sich keine Beziehung der Abbildung herstellen. Die Bilder, die das Zitat aus der Erzählung »Der Frühling« sieht, entstammen einer anderen Topographie. Die Faszination durch den Zauber der Verwandlungen von Wörtern durch Wörter sieht sich auf sich selbst verwiesen. Man kann sich vorsagen, daß die Kunst Bruno Schulz' in diesem Haus entstand, neben dem Alltag einer verarmten Kaufmannsfamilie, aber das Haus sagt nichts darüber, woraus diese Kunst entstand. Keine sichtbare Verbindung zwischen biographischem Ort und Werk. Nur auf einigen der Zeichnungen sind Häuser und Türme zu erkennen, die man in Drohobycz wiederfindet; doch die feiernden Chassiden mit dem Strejmel auf dem Kopf, die Schulz gezeichnet hat, die gibt es schon lange nicht mehr in Drohobycz, so wenig wie in Lemberg oder in Krakau. In Brooklyn und in Montréal kann man ihnen wieder begegnen.

Ein Stück weit jenseits des Ringplatzes zieht eine überlebensgroße Frauenfigur den Blick an, auf dem Denkmalsockel liegen ein paar Blumensträuße, an der Seite die Aufschrift »1941 – 1945«. Ein Denkmal, wie es bei der Durchfahrt durch jeden größeren

Ort der vom Krieg heimgesuchten Gegend zu sehen ist. Doch etwas ist anders an diesem kleinen Platz des Gedenkens, den nach hinten eine verwitterte Backsteinmauer abschließt; beim Näherkommen entdeckt man, daß maskenähnliche Köpfe in die Mauer eingemörtelt sind, manche mit zum Schrei geöffneten Mund, manche mit den Händen oder einer Binde vor den Augen. Es ist die Mauer, an der die deutsche Wehrmacht die Leute erschoß, die gemäß dem zwischen den Nazis und der Wehrmachtsführung vereinbarten sogenannten »Kommissarbefehl« ohne jedes Verfahren sofort zu liquidieren waren. Viele Salven müssen in der Mauer eingeschlagen sein, denn von den meisten Backsteinen ist die Oberfläche weggeschossen. Die aus Gips modellierten Köpfe von Frauen mit Kopftuch, von bärtigen Greisen, von Halbwüchsigen, Wind und Wetter ausgesetzt und den grau verwitterten Backsteinen der Mauer angeglichen, verschließen sich jeder heroischen Deutung.

Viele der von den Nazis zu Opfern ausersehenen Drohobyczer Bürger sind nicht an dieser Stelle erschossen worden, sondern irgendwo in den Straßen der Stadt, wie zum Beispiel die über zweihundert jüdischen Ghettobewohner, die an Schulz' Todestag im November 1942 wahllos ermordet wurden. An der Stelle des von den Nazis eingerichteten und dann vor ihrem Abzug zerstörten Ghettos ist ein weiträumiger Platz angelegt, begrenzt von modernen Gebäuden, dem üblichen Kulturpalast und Verwaltungsbauwerken. Sie seien teilweise sein Werk, sagt der pensionierte Bauingenieur Lev Masur nicht ohne spürbaren Stolz. Von den Elendslöchern und im Schlamm versinkenden Buden, die Alfred Döblin an dieser Stelle gesehen hat, ist nichts zurückgeblieben: »Schrecklich leuchtet inmitten dieses Jammers ein mächtiges, frisch geweißtes Haus«, schrieb er in der *Reise in Polen* und meinte die Synagoge. Die Synagoge hat den Zweiten Weltkrieg wundersamerweise überstanden, mächtig wirkt sie immer noch, aber von der weißen Farbe ist nichts mehr zu sehen, durch den verwitterten Putz schlägt das Rot der Backsteine durch und versieht die Fassade mit fleckigen Mustern. Nach dem Ende des Kriegs hat das breite, drei Stockwerk hohe, am Dachfries reich ornamentierte Bauwerk als Lagerhalle gedient. Einzig sichtbare Hinterlassenschaft der einmal bedeutenden jüdischen Gemeinde, die von den Nationalsozialisten vollständig ausgelöscht worden ist.

Unter Führung von Lev Masur und Mauryz Weiss geht es mit dem Bus ein paar Kilometer aus Drohobycz hinaus, in den Wald von Bronica, so genannt nach dem benachbarten Dorf. An einem neben der Straße errichteten sowjetpathetischen Denkmal lassen die Einheimischen anhalten und führen die Besucher auf einem regennassen Weg in den Wald hinein. Sie führen zu der Stelle, die der SS-Scharführer Felix Landau für den ersten Mord an Juden aus Drohobycz ausgesucht hatte. Hinter einer Wegbiegung lichtet sich der Wald ein wenig, macht Platz für eine Totengedenkstätte, wie sie sich ergreifender nicht vorstellen läßt. Mehrere mächtige, sorgfältig gegossene Betonplatten bedecken den Waldboden, und keine mühsam zu entziffernde Inschrift lenkt von der stummen Auseinandersetzung mit dem Horror ab. Nur ein Davidsstern in der Mitte der Platten gibt einen Hinweis auf die Herkunft der hier Verscharrten.

Die Platten bedecken das Massengrab der Juden von Drohobycz und Umgebung. Ein großer Teil der zur Vernichtung bestimmten jüdischen Bevölkerung von Drohobycz ist in diesem Wald von der SS und ihren Hilfstruppen erschossen worden; wie Landaus erste Opfer, hatten sie ihr Grab ausheben müssen. Ein kleines Babij Jar im Wald bei dem Dorf Bronica, eine der zahllosen Mordstätten im deutsch besetzten Osteuropa. Erst seit ein paar Jahren bezeichnen die Platten, die dank einer privaten Spende aus den USA hatten hergestellt werden können, den Ort des Massenmords an den Juden von Drohobycz. In der sowjetischen Zeit hatten die Juden keinen Namen und kein eigenes

Symbol in der Masse der »sowjetischen Patrioten«, die dem Hitlerfaschismus zum Opfer gefallen sind, wie die Inschriften anderer Denkmäler verkünden.

Zu den Opfern der Massaker im Wald von Bronica zählte, den Angaben in dem polnischen Katalog der Zeichnungen Bruno Schulz' zufolge, der Drohobyczer Stanislaw Weingarten, der dem Künstler Schulz eine Reihe von Bildern abgckauft hatte. Weingarten war leitender Angestellter der polnischen Ölgesellschaft »Galicja« gewesen, die nach dem Einmarsch der deutschen Wehrmacht in dem SS-Betrieb »Karpaten-Öl« aufging, zu deren Managern der spätere Krupp-Generalbevollmächtigte Bertold Beitz gehörte. In diesem Wald wurden höchstwahrscheinlich mehrere von Schulz' Drohobyczer Freunden ermordet, darunter die Bibliothekarin Laura Würzberg und der Lehrer Bernhard Mantel.

Beziehungen zwischen der beklemmenden Düsternis des Waldes von Bronica und dem Halbdunkel der Zimtläden in Schulz' Erzählung sind nur durch Deutungswillkür herzustellen. Der Besuch der ehemals galizischen Kleinstadt Drohobycz dient insofern dem besseren Verstehen der Erzählungen und Prosaskizzen, als er klarmacht, daß sie, wenn auch in Drohobycz entstanden, nicht die geringsten regionalen Bezüge aufweisen. Die Bücher von Bruno Schulz erzählen keine galizischen Geschichten, an denen sich ein von Schtetl-Romantik gesättigter Blick ergötzen könnte. Sie hätten, Katastrophenerfahrungen und Katastrophenahnungen des 20. Jahrhunderts aufspürend, auch anderswo geschrieben werden können, in Warschau zum Beispiel. Wie aus den Briefen hervorgeht, hat Schulz immer wieder mit dem Gedanken gespielt, in die polnische Hauptstadt umzuziehen, wo die Schriftsteller lebten, mit denen er sich in seinem Kampf um neue Formen verbunden fühlte, Gombrowicz und Witkiewicz vor allem. »Da mich der Aufenthalt in der Provinz, fern von den geistigen Strömungen, der Quellen meiner Anreize und Hilfsmittel beraubt, wie sie eine Hauptstadt zu geben imstande ist, möchte ich mich um Versetzung auf einen gleichwertigen Posten in Warschau bemühen ...«, schrieb der Zeichenlehrer Schulz 1936 in einem beim polnischen Unterrichtsminister eingereichten Versetzungsantrag. Die Versetzung kam nicht zustande. »Ich würde mich jetzt nicht gerade schlecht fühlen, wäre nicht die Umgebung dieser durch die Entlegenheit ihrer geistigen Sphäre ziemlich deprimierenden Menschen«, schrieb Schulz seiner Warschauer Freundin und Briefpartnerin Romana Halpern aus Drohobycz.[8]

Um Verbindung mit der Welt jenseits der galizischen Wälder zu halten, hat Schulz viele Briefe geschrieben. Ein großer Teil dieser Korrespondenz ist verlorengegangen, verschwunden oder vernichtet in den Kriegszerstörungen und Massakern, zum Beispiel der Briefwechsel mit der Lemberger Dichterin Debora Vogel, aus dem Anfang der dreißiger Jahre die Anregung zum Schreiben der *Zimtläden* hervorging.[9] Eine Reihe verlorengeglaubter Briefe jedoch hat der polnische Schulz-Biograph Jerzy Ficowski bei jahrelanger Sucharbeit in allen Teilen der Welt entdeckt und inzwischen veröffentlicht. Aus diesen Briefen und den Namen ihrer Adressaten läßt sich ein winziger Ausschnitt Katastrophengeschichte dieses Jahrhunderts rekonstruieren, der aber, neben das einzelne Leben des Bruno Schulz gestellt, eine fürchterliche Dimension gewinnt.

Die meisten der erhaltenen Briefe waren an die Warschauerin Romana Halpern gerichtet. Ihr vertraute Bruno Schulz die quälenden Selbstzweifel und Depressionen an, die ihn oft monatelang zur Untätigkeit verdammten, ihr erzählte er die Geschichte seiner zuversichtlich eingegangenen und dann gescheiterten Verlobung.

Romana Halpern hat Schulz nicht nur mit Warschauer Literaten und Literaturzeitschriften in Verbindung gebracht, sondern dann auch versucht, über ihre Kontakte zum polnischen Widerstand 1942 Schulz' Leben zu retten. Sie wurde 1944 in Krakau von der Gestapo ermordet.

Eine vertrauensvolle Beziehung hat Schulz mit der in Boryslaw bei Drohobycz lebenden Malerin Anna Plockier unterhalten, hat ihr seine Manuskripte zu lesen gegeben und ihr sein Leid geklagt vom »Komplex vom verlorenen Leben ohne Zukunft«.[10] Für den 22. Juni 1941 verabredete sich Schulz mit ihr: An diesem Tag fielen Hitlers Armeen in der Sowjetunion ein. Anna Plockier wurde im Herbst 1941 zusammen mit ihrem Lebensgefährten Marek Zwillich von der mit den Nazis kollaborierenden ukrainischen Miliz ermordet.

Die Dichterin Debora Vogel, Schulz' frühe literarische Briefpartnerin, wurde 1942 im Lager Janów bei Lemberg von den Nazis ermordet.

Der Lemberger Literaturkritiker Ostap Ortwin, der früh auf Schulz' zeichnerisches Talent aufmerksam geworden war, wurde 1942 von den Nazis ermordet.

Der Maler Zenon Wasniewski, ein ehemaliger Studienkollege von Bruno Schulz, kam 1945 in Bergen-Belsen ums Leben.

Bruno Schulz' Neffe Wilhelm Schulz wurde nach Auschwitz deportiert und dort 1944 ermordet.

Der Maler Samuel Lieberwerth, ein ehemaliger Schüler des Zeichenlehrers Schulz, wurde 1942 von den Nazis ermordet.

Aus dem weiteren Bekanntenkreis von Bruno Schulz verloren unter anderem diese Künstler und Intellektuellen, jüdische und nichtjüdische, unter der Nazibesatzung gewaltsam ihr Leben:

Der Klaviervirtuose Jakub Weissmann, 1942 ermordet.

Der Maler und Kunsttheoretiker Hersz Weber, 1942 dem Massenmord an den Juden in Rzeszow zum Opfer gefallen.

Der Maler und jiddische Dichter Ber Horowitz, 1941 bei Lemberg ermordet.

Der Lemberger Literaturredakteur Tadeusz Hollender, 1943 ermordet.

Der Literaturkritiker Wladyslaw Zawistowski, 1944 im KZ Neuengamme umgekommen.

Der Maler Roman Kramsztyk, 1942 im Warschauer Ghetto umgekommen.

Der Literaturkritiker Emil Breiter, 1943 bei Warschau ermordet.

Der Schuldirektor und Slawist Julian Ramberg, 1941 in Lemberg ermordet.

Der Lemberger Redakteur und Übersetzer Izydor Berman, 1941 ermordet.

Der Redakteur Jan Emil Skiwski, 1941 in Palmiry bei Warschau ermordet.

Der Literaturkritiker Leon Pomirowski, 1943 ermordet.

Der Maler Natan Spiegel, 1943 im Ghetto Lodz umgekommen.

Die Maler und Zwillingsbrüder Menasze und Efraim Seidenbeutel, 1945 im KZ Flossenbürg ermordet.[11]

Die Lebensspuren entziffern, die sich in den erhaltenen Briefen von Bruno Schulz finden, heißt überall auf Mordzeichen treffen. Der Ausdruck »Holocaust«, der gebraucht wird, damit alles in Kürze und auf einmal gesagt sei, läßt keinen Platz für die Unterschiedlichkeit aller dieser sich hinter Ortsnamen und Jahreszahlen verbergender einzelnen Verbrechen. In der Mordfabrik Auschwitz hat aus Bruno Schulz' Umkreis einzig der Neffe Wilhelm Schulz das Leben verloren. Alle anderen sind an ganz unterschiedlichen Orten gewaltsam zu Tode gekommen. Sich klarzumachen, daß nicht nur ein einzelner Schriftsteller und Künstler, Bruno Schulz, sondern auch der größte Teil seines Freundes- und Bekanntenkreises den Nazimördern zum Opfer fiel, heißt die fürchterliche Realität des für Osteuropa konzipierten nationalsozialistischen Vernichtungsprogramms an einem kleinen Ausschnitt erfassen: sowohl Auslöschung der Juden als auch Liquidierung der polnischen Intelligenz. Bruno Schulz' posthumer Ruhm hat immerhin dafür gesorgt, daß die Namen der Malerfreunde und der Redakteure, die auf die eine oder andere Weise in sein künstlerisches Leben hineingewirkt hatten, genannt werden können und daß ihre Schicksale nicht ganz in den Zahlen der Mordstatistik untergegangen sind. So halten die biographischen Materialien in den Büchern von Bruno Schulz etwas von dem fest, was unter den Platten auf den Massengräbern im Wald von Bronica verschwunden ist.

DER WESTEN DES OSTENS
Über Lemberg nach Brody

E ine Fahrt von Krakau über die ukrainische Grenze bei Prze-
mysl nach Lemberg und weiter nach Brody durchquert das
ganze frühere Galizien von West nach Ost bis an die damalige
russische Grenze. Die alte polnische Königsstadt Krakau war
durch die Teilungen Polens ganz an den westlichen Rand des
österreichischen Galizien geraten, von Preußisch-Schlesien nur
noch durch das kleine, ebenfalls Galizien einverleibte Herzog-
tum Auschwitz getrennt. Auf halbem Weg zwischen Kattowitz
und Krakau liegt die Kleinstadt Chrzanów, dort ist 1907 Isaac
Deutscher geboren worden. Der Stalin- und Trotzkij-Biograph
hat in einem autobiographischen Text geschildert, mit welchen
Konflikten des Sprachbewußtseins ein junger, geistig wacher
Bewohner dieses Grenzlandes damals aufgewachsen ist:
»Mein Vater hatte eine völlig übertriebene Vorstellung von
meiner literarischen Begabung und wollte, daß ich mich in einer
›Weltsprache‹ übe. ›Deutsch‹, pflegte er zu sagen, ›ist *die* Weltsprache. Warum willst du deine Begabung in einer Provinzspra-
che begraben? Du brauchst nur weiter als Auschwitz zu
gehen...‹ – Auschwitz lag an der Grenze nicht weit von uns –
›du brauchst nur weiter als Auschwitz zu gehen, und keiner wird
dich mehr verstehen, dich und deine schöne polnische Sprache.
Du mußt wirklich Deutsch lernen.‹ Es war ein sich ewig wieder-
holender Refrain: ›Du brauchst nur weiter als Auschwitz zu gehen, und du wirst völlig verloren sein, mein Sohn!‹ Ungeduldig
wie ich war, habe ich ihn oft unterbrochen: ›Ich weiß schon, was

du sagen wirst, Vater – Du brauchst nur weiter als Auschwitz zu gehen, und du wirst völlig verloren sein.‹ Die tragische Wahrheit ist, daß mein Vater nie weiter als Auschwitz kam. Während des Zweiten Weltkriegs ist er in Auschwitz verschwunden.«[1] Isaac Deutscher hat sich dann weder der polnischen noch der deutschen, sondern der englischen Sprache bedient, als er seine Bücher schrieb.

In Brody, im östlichen galizischen Grenzland, wuchs Joseph Roth heran. Auch Roth liebäugelte früh mit der Literatur, seine Sprachwahl fiel jedoch ganz anders aus. Roths späterer Freund Soma Morgenstern erinnert sich an die erste Begegnung mit dem Jungen aus Brody, der sich 1910 in eine Konferenz der zionistischen Mittelschüler Galiziens in Lemberg mehr oder weniger eingeschlichen hatte: »Der fremde Junge sprach ein so schlechtes Polnisch, daß Leon Roth ihn aufforderte, lieber jiddisch zu sprechen. Die beiden unterhielten sich eine Weile in jiddisch, worauf der Delegierte, der mit Vornamen Joseph hieß, erklärte, daß er in Brody ein Gymnasium mit deutscher Vortragssprache besuchte und deshalb nicht polnisch spreche. Auf die Frage, ob einer von uns deutsch spräche, trat ich zu ihm hin, und er zeigte große Enttäuschung darüber, daß Leon Roth kein Verwandter von ihm war.«[2]

Wie kam es, daß in dieser ostgalizischen Gegend, in der die Bevölkerung Polnisch, Ukrainisch oder Jiddisch sprach, der Gymnasialunterricht auf deutsch erteilt wurde? Brody war nicht, wie man annehmen könnte, irgendein hinter den wolhynischen Sümpfen vergessenes Nest, sondern ein bedeutender Handelsknotenpunkt. Von der Teilung Polens bis zum Ende des 19. Jahrhunderts genoß die ein paar Kilometer von der russischen Grenze entfernte Stadt den Status einer Freihandelsstadt. Ein großer Teil des Handels mit Rußland wurde über Brody abgewickelt. Laut Brockhaus von 1892 hatte die Stadt 17 534 Einwohner, »meist deutsche, darunter zwei Drittel Israeliten«; wieder erklärt das Lexikon nicht, was hinter dieser eigenartigen statistischen Aufrechnung steckt: zwei Drittel jüdische Bewohner, die als »deutsch« gelten.

Brody war auch kein typisch osteuropäisches Schtetl, in dem die jüdische Orthodoxie oder der Chassidismus das Bild bestimmten. Nach Brody führte die Flucht des jungen Menschen, dem eben das Schtetl zu eng wurde, wenn er nicht gleich nach Wien, Berlin oder in die Schweiz ging. Brody war neben Odessa eine der Hochburgen der Haskalah, der jüdischen Aufklärung, der Geist von Moses Mendelssohn hatte sich dort eingenistet und mit ihm die Vorliebe für die deutsche Sprache. So kam es auch, daß der Unterricht am Gymnasium der Stadt seit 1815 auf deutsch abgehalten wurde. Joseph Roth ist vielleicht auch deshalb ein deutscher und kein polnischer oder jiddischer Schriftsteller geworden, eben weil er in Brody aufgewachsen ist und nicht in Drohobycz wie Bruno Schulz oder in Radzymin wie Isaac Bashevis Singer, der Sohn eines chassidischen Rabbiners. Mit der Ausrufung der polnischen Republik, die auch das ehemalige österreichische Galizien umfaßte, wurde Roth polnischer Staatsbürger, ohne daß ihn außer dem Paß etwas mit Polen verband. Seinen Geburtsort Brody hat Roth bekanntlich konstant verleugnet, hat sich in biographischen Angaben entweder in einem nicht lokalisierbaren Ort namens Szwaby zur Welt kommen lassen oder in dessen Verdeutschung »Schwabendorf« – worauf die Redaktion von Kürschners Literaturkalender Schwabendorf als hessische Ortschaft identifizierte und Joseph Roth zum gebürtigen Hessen machte.

Diesem Brody hat sich während des russisch-polnischen Krieges von 1920, über den Joseph Roth als Reporter für das Berliner *Acht-Uhr-Blatt* berichtete, ein anderer schreibender Zeitgenosse von Osten her genähert und hat eine Oase der Aufklärung und der Kultur entdeckt. »*31. 7. 20. Brody. Leszniów.* Morgens vor dem Abrücken auf der Goldenen Straße wartet der

Maschinengewehrwagen, eine Stunde in einer Buchhandlung, ein deutscher Laden. Lauter herrliche, nicht aufgeschnittene Bücher, Bilderalben, der Westen, da ist er, der Westen, und das Polen der Ritterzeit, Chrestomathie, die Geschichte aller Boleslaws, und irgendwie kommt es mir so vor, das sei die Schönheit, Polen, das über einen hinfälligen Körper Glitzerkleider geworfen hat. Ich wühle, wie ein Verrückter, überfliege, blättere, es ist dunkel, eine Meute kommt und Plünderung von Kanzleibedarf, widerwärtige junge Leute von der Beutekommission mit erzsoldatischem Benehmen. Verzweifelt reiße ich mich aus der Buchhandlung los.«[3] Es war Isaak Babel, als Kriegsberichterstatter auf russischer Seite mit der Ersten Reiterarmee unterwegs, der in dem für Roth unnennbaren Brody ergriffen den Vorposten des »Westens« begrüßte. Auch zwei Ansichten, Ost und West.

Einstweilen liegt Brody noch in weiter Ferne. Ich lasse Isaac Deutschers Geburtsort Chrzanów und die Gegend von Krakau hinter mir liegen, die man »Kleinpolen« nennt. Tarnów, Rzeszów, Laúcut mit dem ehemaligen Schloß der Grafen Potocki und der erhaltenen, innen verschwenderisch ausgemalten Synagoge, die Graf Alfred Potocki im November 1939 vor der Zerstörung durch die Nazis bewahrt haben soll. In Przemyśl am Fluß San endlich begegnet mir das, was ich mir unter »Galizien« immer vorgestellt habe, das Nebeneinander von österreichischer Festungsarchitektur, polnischem Kirchenbarock, den Kuppeln der ukrainischen Orthodoxie und den Gassen der jüdischen Stadt. Viele der Zerstörungen durch zwei Kriege sind beseitigt worden: 1914 war die russische Armee mit ihrer Artillerie gegen die österreichische Festung angerannt, und 1939 hatte die inzwischen polnische Besatzung dem Angriff von Hitlers Armeen weichen müssen. Zerbombte Gebäude und zerschossene Mauern hat man wiederaufgebaut, aber die dazu passende galizische Bevölkerungsmischung ließ sich nicht wieder zum Leben erwecken; die

Österreicher waren bereits 1918 verschwunden, die Juden von Przemyśl wurden von den Nazis ermordet, und von der ukrainischen Bevölkerung ist nur noch ein winziger Rest übriggeblieben; die Ukrainer von Przemyśl wie die des ganzen ehemaligen Westgalizien wurden gleich nach Kriegsende aus dem neuen Polen verdrängt, zuerst durch Versprechungen, dann mit Gewalt, die meisten wurden in die ukrainische Sowjetrepublik abgeschoben, ein kleinerer Teil wurde in die ehemaligen deutschen Gebiete umgesiedelt, mit Zwischenaufenthalt auf dem Lagergelände von Auschwitz.[4]

In die Grenzstadt Przemyśl kommen heute wieder zahlreiche Ukrainer aus dem ehemaligen Ostgalizien herüber, um auf dem Markt zu tauschen und zu handeln oder um ihre Arbeitskraft anzubieten. In den Straßen der Stadt warten schon Kleinbusse mit Kennzeichen aus dem Westen Deutschlands auf Ukrainer, die die Preise polnischer Arbeiter noch unterbieten und auf dem Markt der Schwarzarbeit offensichtlich gefragt sind, sonst würden sie nicht quer durch Polen und Ostdeutschland gekarrt. Die ukrainische Grenzabfertigung ein paar Kilometer hinter der Stadt verläuft am schnellsten bei den ukrainischen Fahrern fabrikneuer westlicher Personenwagen und am langsamsten bei Roma, die von den Grenzbeamten zwischendurch mit Tritten in den Hintern herumgeschubst werden. Willkommen in der Republik Ukraine.

An den Ortsnamen Gorodok auf halbem Weg zwischen der Grenze und Lemberg knüpfen sich altösterreichische Assoziationen. Es ist der ukrainische Name für Grodek, bekannt durch die mörderische Schlacht zwischen der österreichisch-ungarischen und der zaristischen Armee, die im September 1914 zahllose Opfer forderte. Georg Trakl hat dort als Feldapotheker Schwerverwundete versorgen müssen und den Anblick verstümmelter Leiber nicht ertragen; man mußte den tief Verstörten selbst in ein Garnisonsspital in Krakau bringen. Um diese Zeit tat Ludwig

Wittgenstein auf einem Wachschiff auf der Weichsel Dienst; dem mit ihm befreundeten Innsbrucker Zeitschriftenherausgeber Ludwig von Ficker schrieb er, daß er, die Weichsel hinunterfahrend, in »Rußland« gewesen sei, so bezeichnete man damals offenbar das seit der Teilung russische Polen. Von Ludwig von Ficker erfuhr Wittgenstein wiederum, daß Georg Trakl, für dessen Lebensunterhalt er kurz vor Kriegsausbruch eine große Geldsumme gestiftet hatte, ebenfalls zum Kriegsdienst in Galizien eingezogen war. Dann hörte er von Trakls Unglück und erhielt von ihm selbst eine Postkarte mit der Bitte, ihn in Krakau zu besuchen; doch Trakl lebte nicht mehr, als er dort ankam. Am 9. November 1914 schrieb er an Ludwig von Ficker: »Gestern nachts kam ich hier an, und erhielt heute früh im Garnisons Spital die Nachricht vom Tode Trakls. Ich bin erschüttert; obwohl ich ihn nicht kannte!« Nachdem er Gedichte Trakls gelesen hatte, schrieb er an Ludwig von Ficker: »Ich verstehe sie nicht; aber ihr *Ton* beglückt mich. Es ist der Ton der wahrhaft genialen Menschen.«[5]

In den dreißiger Jahren zog es Wittgenstein, Fellow des Trinity College in Cambridge, überraschend in den Osten. Seinen Kollegen John Maynard Keynes, der gute Kontakte zur sowjetischen Botschaft hatte, ließ er im Juli 1935 dort anfragen, ob er sich in der Sowjetunion niederlassen könne. Wittgenstein sei zwar kein Kommunist, erläuterte Keynes in seinem Schreiben an den Botschafter Iwan Michailowitsch Maiski, doch er empfinde sehr viel Sympathie für die Lebensform, die unter dem neuen Regime in Rußland herrschte. Keynes hatte Wittgenstein erklärt, er interessiere sich vor allem für die Arbeit des Instituts für nationale Minderheiten in Moskau und für Kolonisierungsprojekte am Rand der UdSSR. Er besuchte dann im Herbst 1935 die Sowjetunion, blieb aber nicht lange dort, sondern ließ sich für ein Jahr in Norwegen nieder. 1937 sprach er in einem Brief an den Wiener Architekten Paul Engelmann wieder von einer geplanten

Reise nach Rußland. Nach dem Anschluß Österreichs jedoch mußte sich Wittgenstein um seinen weiteren Aufenthalt in England kümmern und sich gegen seine Neigung sogar um die britische Einbürgerung bemühen: er wolle ja kein »nachgemachter Engländer« sein, schrieb er Keynes. Der Österreicher Wittgenstein war über Nacht zu einem Deutschen gemacht worden, der er auf keinen Fall sein wollte, außerdem hatten die nationalsozialistischen Rassegesetze diesen neuen Deutschen zum Juden erklärt.[6] Assoziationen, die sich bei der Durchfahrt durch Gorodok alias Grodek einstellen.

Lemberg kündigt sich in Gestalt übermalter Straßenschilder an: das »o« des russischen Namens L'vov ist von emsigen Händen durch das ukrainische »i« ausgestrichen (Farbe und Pinsel sind überall die Lieblingsutensilien der Nationalisten: in Québec haben sie überall dort, wo die Verwaltung mit dem Austauschen der Verkehrsschilder nicht nachkam, das »Stop« auf den alten Stopschildern durch »arrêt« übermalt). Doch etwas vom alten österreichisch-galizischen Lemberg schlägt durch, gleich nach der Ankunft in der Stadt, die in der polnischen Zeit zwischen den beiden Weltkriegen Lwów hieß und seit 1991 L'viv heißt, und zwar aus dem Untergrund. Das Wassernetz stammt noch aus der Zeit vor dem Ersten Weltkrieg, war damals, als Lemberg nicht viel mehr als 100 000 Einwohner besaß, großzügig für 300 000 Einwohner ausgelegt. Es muß heute eine durch den Bau sowjetischer Satellitenstädte auf eine Million angewachsene Bevölkerung versorgen und läßt deswegen immer wieder ganze Stadtviertel auf dem Trockenen sitzen. Bei der Ankunft im Hotel gibt es kein Wasser. Die Hotelmanagerin Tamara schafft es jedoch, durch wütende Anrufe bei der Stadtverwaltung stundenweise Wasser ins Viertel zu bringen. Auch ihre Lebensgeschichte ist emblematisch für das osteuropäische Drama in diesem Jahrhundert.

Tamara ist keine Lembergerin. Sie stammt aus Berditschew,

der Stadt, in der Balzac sich mit der Gräfin Hanska vermählte, die Der Nister, der große sowjet-jiddische Erzähler mit dem Geburtsnamen Pinhas Kahanowitsch, zum Universum seines tausendseitigen Epos *Di Mischpoche Maschber* machte[7], in der Wassilij Grossmann geboren wurde und die sowohl der nach seiner Novelle gedrehte Film *Die Kommissarin* von Alexander Askoldow als auch Alexander Granowskis *Jüdisches Glück*, mit Zwischentiteln von Isaak Babel, für uns ins Bild gesetzt hat. Während des Zweiten Weltkriegs ist Tamaras gesamte Familie von den Nazis ausgelöscht worden. Sie selbst hat überlebt, weil sie, fließend deutsch sprechend, sich als Österreicherin ausgeben und sich bis nach Wien durchschlagen konnte. Von dort ist sie bei Kriegsende nicht mehr nach Berditschew zurückgekehrt, sondern hat sich im sowjetukrainisch gewordenen Lemberg niedergelassen, hat geheiratet und eine Familie gegründet. Ihren einzigen Sohn hat Tamara zwanzig Jahre später verloren; sein Tod hat heute etwas Irreales und Unsagbares angenommen, weil der Sohn auf der moralisch unmöglichen und historisch verkehrten Seite der Barrikade ums Leben kam – als wehrpflichtiger Soldat einer Einheit der Roten Armee, die im August 1968 am Einmarsch in die Tschechoslowakei beteiligt war.

Lemberg, die Hochburg der ukrainischen Unabhängigkeitsbewegung, wird seit der Souveränität der Ukraine selbstverständlich mit Nachdruck entsowjetisiert. Der Umbau hat etwas merkwürdig Gespenstisches, weil er zwischen Kulissen stattfindet, deren Aussehen und deren Herkunft sich der nun gewünschten nationalen Eindeutigkeit verweigern. Der sowjetische Stempel läßt sich von den neuen Stadtteilen und auch von vielen Gebäuden der Innenstadt nicht durch einfaches Übermalen entfernen. Also beginnt man mit der Entfernung der beweglichsten Symbole, mit den Straßennamen und mit den Denkmälern. Die Lemberger Prachtpromenade, die den Blick und den Schritt zur Oper lenkt, ist jetzt als »Prospektsvobody« nach der Freiheit benannt, nachdem sie zuvor »Leninprospekt« und in der polnischen Zeit »Straße der Legionen« geheißen hatte, zu Ehren der polnischen Einheiten, die im russisch-polnischen Krieg von 1920 die russischen Bolschewiken aus der Umgebung von Lemberg vertrieben, und davor »Karl-Ludwig-Straße«. Auf dem Denkmalsockel vor der Oper steht auch kein Lenin mehr, ein Stück weiter wurde eine Statue des ukrainischen Dichters Taras Schewtschenko aufgestellt. Der Lemberger Lenin war ein härterer Brocken als der Warschauer Lenin, der beim ersten Zugreifen des Krans schon in Stücke zerfiel, erzählen Einheimische, doch sein Abbau und der Aufbau von Schewtschenko gerieten zum begeistert verfolgten Lemberger Volksfest.

Gemischte Gefühle regen sich beim Anblick der Umbenennungen und Denkmalswechsel. Daß Lenin gerade im ukrainischen Lemberg nichts mehr zu suchen hat, das leuchtet mir sofort ein, denn sein Name gilt zwangsläufig als Symbol für die imperiale Herrschaft, die der Westukraine 1945 gemäß der von den Alliierten vereinbarten Aufteilung der Sphären in Europa aufgezwungen wurde. Doch welches Symbol tritt an die Stelle? Ein abschreckendes Beispiel nationaler Umwidmung hat die kroatische Hauptstadt Zagreb geboten, die ihren Platz der Republik nach der Unabhängigkeitserklärung einschließlich Denkmalsaufstellung ausgerechnet dem »Banus« Jelačić weihte, dem kroatischen Statthalter der ungarischen Monarchie, der als Zerstampfer der demokratischen Erhebung von 1848 in Budapest und Wien in die Geschichtsbücher einging. Da dieser Jelačić zwischendurch auch ein paar Verse geschrieben hat, will man in Zagreb auf dem ehemaligen Platz der Republik, behaupten wohlmeinende Kroaten, einzig des Dichters gedenken, der so den antidemokratischen Haudegen durch poetischen Heiligenschein überstrahlen soll. Ein Vergleich mit Jelačić tut Schewtschenko bitter unrecht.

Mein alter Brockhaus von 1892 bezeichnete Schewtschenko

zwar noch als »kleinrussischen Dichter«, widmete ihm immerhin aber mehr als ein paar Zeilen. Demnach ist 1870 in Czernowitz ein Band mit deutschen Übersetzungen von Texten des 1861 gestorbenen Schewtschenko erschienen; der Eintrag im Brockhaus von heute ist zwar ausführlicher geraten, dafür ist auf dem deutschen Buchmarkt keinerlei Übersetzung zu finden. Wie sich die Balladen, Versepen, Novellen und autobiographischen Erzählungen lesen, denen Schewtschenko seinen einheimischen Ruhm verdankt, das weiß ich nicht. Von der Biographie her gesehen, paßt er in die Reihe der russischen Dichter des Zarenreichs: 1814 als Sohn eines leibeigenen Bauern in der Gegend von Kiew geboren, von einem Kirchensänger im Lesen und Schreiben unterrichtet, von einem philanthropisch gesonnenen Grundherrn zum Malunterricht nach Warschau und nach Sankt Petersburg geschickt, dort für 2500 Rubel aus der Leibeigenschaft freigekauft, nachdem Hofkünstler, die auf den jungen Maler aufmerksam geworden waren, mit kaiserlicher Erlaubnis eine Lotterie zu seinen Gunsten veranstaltet hatten. Während er an der Kunstakademie studierte, begann er zu schreiben, 1840 gab ein ukrainischer Gutsherr eine Sammlung seiner ersten Gedichte in Druck, und auf einmal war der Name Schewtschenko in der ukrainisch sprechenden Welt in aller Munde: »Gleich bei der ersten Erscheinung seiner Gedichte im Druck wird dieser Bauer, unlängst noch ein Sklave, durch die allgemeine Meinung seiner Landsleute als ein geistiger Führer, als die hellste Leuchte der ukrainischen Literatur anerkannt. Er, der noch vor einigen Jahren vor den zornigen Blicken seines Herrn zittern mußte und nur zufällig vor blutigen Rutenschlägen des Ökonomen Prächtels gerettet wurde, er, um den man feilschte, den man wie ein Rassepferd für 2500 Rubel verkaufte, wird jetzt zum Führer eines ganzen Volkes!«, heißt es in einem 1914 zum hundertsten Geburtstag Schewtschenkos von Ivan Franko in deutscher Sprache verfaßten Artikel.[8] Nicht lange danach begann jedoch der

Zarenhof ein Auge auf diesen neuen »geistigen Führer« der Ukrainer zu werfen. 1847 wurde Schewtschenko in Sankt Petersburg unter der Beschuldigung der Beleidigung des Zaren Nikolaus verhaftet und dann zu lebenslangem Militärdienst mit Schreib- und Malverbot in der Verbannung in Orenburg verurteilt. Nach zehn Jahren ließ der Nachfolger Zar Alexander II. ihn nach Sankt Petersburg zurückbringen. 1861 starb der mit angeschlagener Gesundheit aus Kirgisien zurückgekehrte Schewtschenko im Alter von 47 Jahren.

Was auch immer der Mann gedichtet und gemalt hat, dessen Statue den Lemberger Freiheitsprospekt ziert, seine Biographie allein enthält schon den plot des nationalen Heldenepos, ohne dessen mythenbildende Wiedererzählung sich emanzipierende Völker offenbar nicht auskommen. Unter den merkwürdigen Gestalten, die den Pantheon des ukrainischen Nationalbewußtseins bevölkern, von Bogdan Chmielnickij, dem Kosakenrebellen und Judenschlächter des 17. Jahrhunderts, über Simon Petljura, den »Pogromtschik« genannten, 1926 in Paris ermordeten antibolschewistischen Warlord, bis zu Stepan Bandera, dem 1957 in der Bundesrepublik ermordeten Anführer des extremistischen ukrainischen Untergrunds, scheint mir Schewtschenko als Lichtgestalt herauszuragen. Dem Mißtrauen, das sich beim Anblick pathetischer Denkmäler regt, muß man selbst gelegentlich mißtrauen. Das gilt auch im Fall von Ivan Franko, des nächsten, besonders in der Westukraine verehrten ukrainischen Säulenheiligen.

Ein muskelstrotzender Held der Arbeit, der mit dem Pickel zum großen Schlag gegen einen Felsblock ausholt, so will das monumentale Grabmal auf dem großen Lemberger Friedhof den Geist Frankos festhalten. Seit ich gelesen habe, daß Franko in seinem letzten Lebensjahrzehnt die Hände nicht mehr bewegen konnte und alle seine Arbeiten diktieren mußte, erscheint mir der Pickelschwinger fast wie eine Verhöhnung. Er erdrückt vor allem den polyglotten, hochgebildeten, in Wien 1894 zum Doktor promovierten Intellektuellen, der aus dem ukrainischen Bauernsohn aus Galizien hervorgeschlüpft war. Der Franko-Kult, dessen Spuren auch anderswo zu sehen sind, zum Beispiel in der Umbenennung der alten galizischen Stadt Stanislau in Ivano-Frankovsk, ist ein Sowjetprodukt gewesen, macht also doppelt mißtrauisch; doch auch dieses Mißtrauen führt in die Irre. Den Schriften nach zu urteilen, die in deutscher Sprache zugänglich sind, weil sie einmal in der DDR gesammelt herausgegeben wurden, ist Ivan Franko alles andere als ein dumpfer national-ukrainischer Barde gewesen, der sich posthum leicht sowjetisieren ließ.

Der 1856 in einem Dorf bei Drohobycz geborene und 1916 in Lemberg gestorbene Franko schrieb in ukrainischer, polnischer und deutscher Sprache, übersetzte Goethe, Heine, Victor Hugo, auch aus dem Jiddischen, er repräsentiert also genau die Kultur der Übergänge und Mischungen, die wir nostalgisch mit dem alten Galizien verbinden. Diesem armen, aber fröhlichen Galizien wird in Frankos politischen und sozialkritischen Artikeln die Haut abgezogen. Ihr Autor lenkt die Aufmerksamkeit auf die außerordentlichen Spannungen, die unter der Oberfläche von altösterreichischem laisser-vivre anwuchsen, Spannungen zwischen Stadt und Land, besonders zwischen der Hauptstadt Lemberg und der Provinz, zwischen den nationalen Gruppen. Sichtbar wird dabei die katastrophale Seite der österreichischen Nationalitätenpolitik, die sich mehr und mehr darauf beschränkte, die Provinz zu verwalten, und die polnische Oberschicht dazu ermunterte, die kulturelle Herrschaft an sich zu reißen. Die galizischen Ukrainer, immerhin die Hälfte der Bevölkerung, hatten nichts zu sagen, vor allem nicht in ihrer eigenen Sprache. 1870, in der Zeit, in der Franko das Gymnasium in Drohobycz besuchte, wurde Polnisch zur Amtssprache Galiziens erklärt; die Lemberger Universität, die einzige Galiziens, war eine polnische Universität geworden, als Franko an ihr zu studieren begann. Ein ukrainischer Bauernsohn, der sich dort für ukrainische Sprache und Literatur einschrieb und zudem Zirkel ukrainischer Intellektueller frequentierte, die nicht mehr nur an den Rockschößen der ukrainischen orthodoxen Priester hingen, das erweckte den Verdacht der Behörden: Frankos Laufbahn begann mit seiner Festnahme, einer achtmonatigen Untersuchungshaft und einem politischen Prozeß wegen »sozialistischer Ideen«.[9] Zweisprachigkeit schaffe nur Unordnung, verkündete damals ein polnisches Pamphlet, das womöglich sogar aus dem fortschrittlichen Lager der »Demokraten« stammte.[10]

Im frisch polnisch gewordenen Lemberg hat Alfred Döblin 1924 Station gemacht. Die Zerstörungen waren noch zu sehen, die der Kampf zwischen ukrainischen und polnischen Einheiten im November 1918 angerichtet hatte, Zerstörungen vor allem im jüdischen Viertel, an den Lemberger Juden haben sich sowohl die unterlegenen Ukrainer als auch die siegreichen Polen schadlos gehalten, entsprechend dem verfluchten, seit Jahrhunderten in Europa eingeübten Reflex. Das quirlige »Wien des Ostens«, das frühere Besucher in Begeisterung versetzt hatte, konnte Döblin nicht mehr erkennen. Die großen Cafés waren noch da, die Stände mit den Zeitungen in verschiedenen Sprachen, doch die ukrainischen Blätter waren von den weißen Flecken der Zensur übersät, der Kampf der Völker in der Stadt schien ihm nur aufgeschoben. »Wie ich die Schule gesehen und alles gehört habe, bin ich niedergedrückt. Die Jungen und Mädchen lernen ukrainische Geschichte. Ich habe gesehen, wie sie in den jüdischen Schulen jüdische Geschichte lernen, in den polnischen polnische, in den deutschen deutsche. Es ist aber etwas Schauerliches um das Nationale von heute. Ich verliere jede Lust, mich für die Freiheit von Völkern einzusetzen. Ich verliere jede Lust, mit den ›Grenzen‹ zu trösten und zu drohen, die ›Tyrannenmacht‹ hat, wo ich die Tyrannei des Nationalen sehe.«[11]

Heute ist die Tyrannei jüngsten Datums, die sowjetische, abgeschüttelt, doch bleibt etwas Paradoxes an der ostentativen Befriedigung über diese Befreiung, da jedermann gleichzeitig weiß, daß es dieselbe Sowjetmacht gewesen ist, die mit ihrer Gewalt das polnisch beherrschte Lemberg erst ukrainisch gemacht hat. Am Ursprung der nationalen Souveränität steht die große Völkerentmischung, die 1945 die Polen aus Lemberg und Umgebung entfernte, während die ukrainische Minderheit aus dem Osten Polens vertrieben wurde. In Krakau habe ich Adam Krzemiński von der Wochenzeitung *Polityka* sagen hören, daß Polen jetzt glücklich und mit sich zufrieden sein könne, da es endlich ein normaler Nationalstaat geworden sei, ein ethnisch homogenes Land, zudem sowohl geographisch als auch kulturell nach Westen gerückt. Für diesen aufgeklärten Polen meiner Generation bedeutet die frühere Völkermischung offenbar eine große Last, synonym mit dem »Osten«, von dem man loskommen will. Pech für den heftig nach Westen gerichteten Blick, daß er dort wieder dem Völkergemisch begegnet, von dem er sich gerade abgewendet hat. Auch in Lemberg wird betont, daß man nun, vom Sowjetimperium losgelöst, nach Westen gerutscht sei. Das sagen Vertreter der ukrainischen Unabhängigkeitsbewegung »Ruch« in ihrem Parteihaus, aber sie sagen es auf eine einschläfernd deklamatorische Weise, die zeigt, daß es viel einfacher ist, ein Lenin-Denkmal abzubauen als die Prägung durch die sowjetische Parteischulung abzulegen. Die männliche Jugend der Partei manifestiert den heftigen Willen zum Westen, indem sie patriotische Lieder singt und dabei den Arm zum Hitlergruß erhebt. Den Älteren ist das etwas peinlich, es schauen ja Besucher aus dem gelobten Westen zu.

Es fällt dennoch schwer, sich von diesem Lemberg loszureißen, weil die Stadt das faszinierende Schauspiel des völligen Auseinanderfallens von Ort und Zeit bietet. Von der Vielvölkerstadt sind noch Gebäude zurückgeblieben, die armenische Kirche, das Stadtpalais des griechischen Kaufmanns Konstantin

Kornjakt mit seinem prächtigen, galerienumsäumten Innenhof, die Jesuitenkirche, die österreichischen Befestigungen, das Hotel King George, (die einst berühmte Synagoge »Goldene Rose«, die die Nazis zerstört haben, bevor sie die Juden Lembergs in die Gaskammern von Belzec transportierten oder im Lager Janowska am Stadtrand ermordeten, ist noch als leerer Platz zu besichtigen) und viele andere, doch die Zeit dessen, was Joseph Roth die »polyglotte Farbigkeit« Lembergs genannt hat, ist unwiederbringlich dahin. Laut Statistik sollen zwar noch einige Polen und Russen in der Stadt leben, aber von nichtukrainischer Präsenz ist nichts zu spüren auf dem Freiheitsprospekt zwischen der Oper und dem Mickiewicz-Denkmal am anderen Ende. Daß die Ukraine nicht nur von Ukrainern bewohnt ist, sondern auch von einer beträchtlichen russischen Minderheit, von Tataren, Slowaken, Rumänen und anderen, das spiegelt L'viv alias Lemberg nicht wider: Das Land ist ganz anders gemischt als die Stadt Lemberg es erkennen läßt, wie zur Zeit des österreichischen Galizien. Am Denkmal des polnischen Nationaldichters Mickiewicz hat sich im übrigen keinerlei nationalukrainischer Übermut ausgetobt, das immerhin ist tröstlich.

Hinaus aus Lemberg nach Osten auf der E 40, die über Schitomir und Kiew nach Moskau führt. Ostgalizien, wie es im Buch steht, silbrig leuchtende, mit galvanisiertem Blech gedeckte Kuppeln der ukrainischen Kirchen, abseits auf einer Erhebung der Sitz des früheren Gutsherrn, Bauernkaten, umgeben von Blumenrabatten und Gemüsebeeten, auf den Feldern Störche, die in der von einem Traktor bewegten Erde stochern, ein Absatz aus einem berühmten Buch kommt mir in den Sinn: »Leblose jüdische Siedlungen klebten am Fuße der polnischen Herrensitze. Auf den Ziegelmauern schimmerte der prophetische Pfau, leidenschaftslose Vision im blauen Raum. Inmitten der weit verstreuten Hütten duckte sich auf kargem Boden eine blinde, rissige Synagoge, rund wie ein Chassidenhut. Schmalschultrige Juden standen verloren an den Straßenkreuzungen. Und ich erinnerte mich der Juden des Südens – jovial und dickbäuchig standen sie vor meinen Augen, gärend wie billiger Wein. Nicht zu vergleichen damit war der bittere Hochmut dieser langen, knochigen Rücken, dieser tragischen gelben Bärte. Den leidenschaftlichen Märtyrergesichtern fehlte das Fett, das warme Kreisen des Blutes. Die Bewegungen der galizischen und wolynischen Juden waren ungestüm, heftig, abstoßend, aber die Kraft ihres Leidens war voll düsterer Erhabenheit, und grenzenlos war ihre heimliche Verachtung der Panjes.«[12]

Keine galizischen Juden mehr, keine Chassidenhüte, keine Synagogen, keine polnischen Magnaten in den Herrenhäusern, doch Budjonnys Reiterarmee, die Isaak Babel aus Odessa im Sommer 1920 nach Galizien gebracht hat, sie ist auf einmal furchtbar präsent, hinter einer Straßenbiegung scheint ein riesenhafter Reiter auf seinem Pferd geradewegs in der Luft zu schweben, dicht gefolgt von einem zweiten. Ein Wunderwerk der Statik, der fast waagrecht aus dem Straßenhang herausschießende Verbund der zwei weit überlebensgroßen Pferde mit ihren Reitern, die über die Straße zu setzen scheinen, geradewegs ins Blaue hinein, doch ästhetisch reicht das monumentale Denkmal über den durchschnittlichen Sowjetkitsch nicht hinaus. Historisch gesehen, steht das Monument freilich auf etwas wackligen Füßen, denn aus Isaak Babels Tagebuch von 1920 wissen wir, daß die Gegend östlich von Lemberg nicht gerade der Schauplatz blendender Triumphe der Reiterarmee des Generals Budjonny gewesen ist. Die Botschaft des Denkmals könnte sich als politische Mahnung an die Adresse der Ukrainer gerichtet haben: nicht zu vergessen, wer ihnen die Polen aus dem Land getrieben hat, nicht 1920, sondern 1945. Das massive Reiterdenkmal würde man liebend gern aus der Landschaft entfernen, ist später in Brody zu hören, nur steckt sein Sockel mit den enormen Gegengewichten verdammt tief im galizischen Boden.

Sumpfige Niederung, ein Bahnübergang, dann die Hauptstraße von Brody, Babels »Westen«, ein Städtchen mitten im ukrainischen Nirgendwo. Ein Platz öffnet sich, auf dem pfützenüber-
säten Boden sind ein paar Tische aufgestellt mit Körben voll
Zwiebeln und Tomaten und uralten Waagen, die aus der Zeit
stammen könnten, in der Eichmeister Anselm Eibenschütz aus
Roths *Das falsche Gewicht* mit Gendarmenbegleitung die Instru-
mente der Händler zu überprüfen hatte. Jenes Zlotogrod »ganz im
fernen Osten der Monarchie«, in das man den österreichischen
Eichmeister versetzt hat – nichts anderes als Brody, von Roth
Mitte der dreißiger Jahre zum Leben erweckt in der rue de Tour-
non in Paris. Brody seinerseits erinnert sich sogar an den Schriftsteller, der seine Geburtstadt so gern verleugnet hat, vor dem
Gymnasium ist Roths Kopf auf einem Denkmal zu sehen, neben
den Köpfen vier anderer Absolventen der Schule, die es zu irgend-
etwas gebracht haben draußen in der Welt, einem I.I. Trusch,
einem O.I.Rosdolkskij, einem W.G.Schurat, einem S. Tudor,
»österreichischer antifaschistischer Schriftsteller« steht als Erläute-
rung neben seinem Namen. Was darauf schließen läßt, daß das
Denkmal in der Sowjetzeit errichtet worden ist, nicht erst vor
kurzem mit freundlicher Förderung durch die österreichische Gesellschaft für Literatur, die seit der Unabhängigkeit der Ukraine
für das Anbringen entsprechender Gedenktafeln sorgt.

Zu lesen von Joseph Roth gibt es nichts in ukrainischer Sprache, bedauert die Kustodin des Heimatmuseums in Brody, die
eine Joseph-Roth-Gedächtnisecke eingerichtet hat. Ersatzweise
ruhen ein paar deutsche Ausgaben in der Vitrine. Man sei allerdings dabei, erste Maßnahme der Roth-Forschung in Brody, den
genauen Standort des Geburtshauses zu bestimmen, und zwar in
einem Weiler namens Szwaby. Der mystifizierende Roth lebt
also weiter in Brody, diese gute Nachricht aus der Ukraine sei
nicht verschwiegen.

SPRACHFETISCH
Über linguistische Relativität

Z ur Beschäftigung mit der Sprache angeregt wurde der Chemiker Benjamin Lee Whorf nach eigenen Angaben durch seine Berufstätigkeit als naturwissenschaftlicher Experte einer amerikanischen Feuerversicherungsgesellschaft. Bei der Analyse der bei der Versicherung eingegangenen Schadensberichte war er auf Brandursachen gestoßen, die aus physikalischen Umständen, etwa durch schadhafte elektrische Leitungen oder fehlende Isolation von Kaminen, nicht zu erklären waren. »In manchen Fällen waren die Bedeutung der betreffenden Situation für die beteiligten Menschen sowie das aus dieser Bedeutung resultierende Verhalten der Menschen entscheidende Faktoren. Der Faktor der Bedeutung war da am deutlichsten, wo es sich um eine *sprachliche* Bedeutung handelte, die an einem Namen oder einer sprachlichen Beschreibung hing, die man gewöhnlich für jene Situation verwendete, in der dann der Schaden entstand.«[1]

Eines von Whorfs Paradebeispielen ist das Verhalten in einer bestimmten Gefahrenzone. Auf einem Gelände, das als Benzinlager ausgewiesen ist, bewegen sich die Leute gewöhnlich sehr vorsichtig; betreten sie aber ein Gelände, das ein Schild als ein Lager mit ›leeren Tonnen‹ ausweist, werden sie leicht nachlässig, zünden sich eine Zigarette an, werfen vielleicht sogar eine Kippe weg. Die Gefahr, daß dann eine der Tonnen oder das ganze Lager in die Luft fliegt, weil sich aus den Benzinrückständen explosive Dämpfe gebildet haben, ist besonders groß; das Wort ›leer‹ und dessen Assoziation mit ›harmlos‹ läßt die Gefahr jedoch in den Hintergrund treten. Whorf zog aus dieser und anderen Beobachtungen den Schluß, daß sprachliche Gegebenheiten das Verhalten der Menschen stärker beeinflussen können als rationale Einsicht in physikalische Zusammenhänge.

Beim Studium von indianischen Sprachen, das Whorf auf Anregung der Linguisten Edward Sapir und Franz Boas unternahm, fand er seine Vermutungen auf unerwartete Weise bestätigt. Die Sprache der Hopi beispielsweise sperrt sich den gängigen Vorstellungen von der Universalität physikalischer Grundgegebenheiten. »In der Perspektive der Hopi verschwindet die Zeit, und der Raum ist verändert. Er ist nicht der homogene, zeitlose Raum unserer angeblichen Anschauung oder der klassischen Mechanik Newtons. Auch kommen neue Begriffe und Abstraktionen ins Bild, die der Beschreibung der Welt ohne Bezugnahme auf Zeit und Raum zu dienen in der Lage sind. Es sind Abstraktionen, für die wir keine angemessenen Termini haben.«[2] Es sind die Besonderheiten einer Sprache, ihre syntaktischen Verknüpfungen, die Erzeugung von Zeitfolgen durch ihre Grammatik, ihre Begriffsbildungen, die eine bestimmte Wahrnehmung der Welt bestimmen. »Sprachen unterscheiden sich nicht nur darin, wie sie ihre Sätze aufbauen, sondern auch darin, wie sie die Natur zerschneiden, um jene Elemente zu bekommen, aus denen sie die Sätze aufbauen. Dieses Zerschneiden ergibt die Wörter im Lexikon.«[3]

Begriffe wie *Zeit* und *Materie* ergeben sich nicht schlicht aus der Erfahrung, sie hängen ihrer Form nach von den Sprachen ab, in denen sie gebildet wurden, das heißt von deren Modi, die Natur zu zerschneiden. Die Hopisprache hat laut Whorf einen Begriff von Dauer, aber keinen Begriff von der Zeit als eines »gleichmäßig fließenden Kontinuums«. Was geschehen ist, ist demnach nicht vergangen im Sinn von verschwunden, es ist in verwandelter Form immer noch vorhanden, allerdings in ganz anderer Gestalt, als es in der Erinnerung oder in Aufzeichnungen festgehalten wird, so daß es für die Hopis keinen Sinn hat, dem Studium der Vergangenheit große Aufmerksamkeit zu schenken. Ebensowenig Sinn macht es, die Gegenwart aufzuzeichnen, da ja auch sie nicht in eine Zeit der Vergangenheit entschwindet und ihre Spuren verwischt. Aufgrund seines Studiums nicht nur der Sprache der Hopi, sondern auch der anderer Indianervölker wie der Apachen begann Whorf sich auch mit den Kosmologien zu beschäftigen, die in den Strukturen der europäischen Sprachen enthalten sind. Die Sätze indoeuropäischer Sprachen ruhen auf den Pfeilern Substantiv und Verb. Die Unterscheidung der beiden Wortklassen ergibt sich laut Whorf keineswegs aus dem Studium der Natur der Dinge, sondern ist »einfach eine Folge der Tatsache, daß jede Sprache irgendeine Art von Struktur haben muß«. Mit der griechischen Philosophie hat sich jedoch im europäischen Denken die Überzeugung eingewurzelt, daß der Gegensatz von Substantiv und Verb dem Gesetz der Vernunft selbst entspringt. Die Substantive gelten als die Abgeordneten der souveränen Dinge selbst, während die Verben für unselbständige Formen stehen, »die nicht allein für sich existieren können, sondern eines ›Dinges‹ (aus der ersten Klasse) bedürfen, an dem sie hängen wie an einem Pflock.« Die Indianersprachen werfen diese Auffassung laut Whorf über den Haufen, denn sie zeigen, »wie man mit einer passenden Grammatik rationale Sätze bilden kann, die nicht in Subjekt und Prädikat auflösbar sind.«[4]

»Die ›Vernunft‹ in der Sprache: o was für eine alte betrügerische Weibsperson! Ich fürchte, wir werden Gott nicht los, weil wir noch an die Grammatik glauben ...«, heißt es in Nietzsches »Die ›Vernunft‹ in der Philosophie«.[5] Die Eleaten und ihre Gegner erlagen laut Nietzsche der gleichen Verführung durch einen Seinsbegriff, der jedem ausgesprochenen Satz Vernunftqualitäten zuschreibt. Zwischen den Beobachter und die Welt der Objekte schiebt sich demnach die Sprache, deren grammatikalische

Eigenheiten die Beobachtung unbemerkt lenken und den Beobachter zu womöglich irreführenden Schlüssen verleiten. Der Naturwissenschaftler Whorf, höchstwahrscheinlich kein Leser Nietzsches, formulierte diesen Gedanken auf folgende Weise: »Wir gelangen daher zu einem neuen Relativitätsprinzip, das besagt, daß nicht alle Beobachter durch die gleichen physikalischen Sachverhalte zu einem gleichen Weltbild geführt werden, es sei denn, ihre linguistischen Hintergründe sind ähnlich oder können in irgendeiner Weise auf einen gemeinsamen Nenner gebracht werden. Dieser ziemlich überraschende Schluß wird nicht so deutlich, wenn wir nur unsere modernen europäischen Sprachen miteinander vergleichen und vielleicht zur Sicherheit noch Latein und Griechisch dazunehmen. Unter diesen Sprachen herrscht eine Einstimmigkeit der Grundstrukturen, die auf den ersten Blick der natürlichen Logik Recht zu geben scheint.«[6]

Diese Schlußfolgerung ist in den sechziger Jahren als Kern einer ›linguistischen Relativitätstheorie‹ oder auch als ›Sapir-Whorf-Hypothese‹ emphatisch aufgenommen und ebenso heftig diskutiert worden. Whorfs These fiel damals auf fruchtbaren Boden, denn der Prozeß der Entkolonialisierung hatte in der westlichen Welt die Augen für die andere, jedoch nicht mehr unbefragt als primitiv abgewertete Art des Denkens geöffnet, die sich hinter dem exotischen Äußeren außereuropäischer Traditionen verbarg. Der Gedanke, daß verschiedene Sprachen verschiedene Sichten der Welt enthalten, die untereinander nicht austauschbar sind, war dabei nicht das Neue; im 18. Jahrhundert begann sich die Auffassung zu verbreiten, daß zwischen einer bestimmten Sprache und einer bestimmten Art zu denken innige Beziehungen bestehen und daß diese Beziehungen, die Wilhelm von Humboldt unter den Begriff »innere Sprachform« faßte, die Nichtvergleichbarkeit der Sprachen untereinander ausmachen. »Das Wort ist eine Art Bild, dessen Original das Denken ist«, heißt es in dem Artikel »Grammaire« der Enzyklopädie[7], wobei die Idee der Beziehung zwischen einem verborgenen Original und seinem manifesten Bild bereits die Ambivalenz mit sich führt, die sie dann für den Konkurrenzkampf unter den europäischen Nationen verwendbar macht. Vom Denken als Original ist es dann nur noch ein Schritt bis zur Zelebrierung des unverwechselbaren »genie national«, das der Sprachkundler Campe mit »Volksgeist« übersetzte. Der wiederum, von Herder aufgegriffen, geistert bis heute als Inbegriff national-romantischer Verirrung durch die Köpfe und Gazetten.

Benjamin Lee Whorfs These von der linguistischen Relativität unterhält, ebenso wie Nietzsches Gedanke, Verbindungen mit dem Nachdenken der Aufklärung über die Sprache und die Sprachen, hat aber mit der Ausbeutung dieses Nachdenkens zu nationalen Zwecken nichts zu tun. Irreduzibel sind für Whorf gerade nicht die Unterschiede zwischen den Nationalsprachen, die sprachgeschichtlich und strukturell zu einer großen Familie gehören, sondern die Unterschiede zwischen der Gruppe der im Westen dominierenden indoeuropäischen Sprachen und den Sprachen der Hopis, der Apachen und anderer amerindianischer Völker. Das Relativitätsprinzip, das er seiner Beschäftigung mit den Indianersprachen und den ihnen inhärenten Weltbildern abgewann, scheint mir heute jedoch schlechte Karten zu haben: Von der linguistischen Forschung wurde es, soweit ich es sehe, als alter Hut beiseitegeräumt; vor allem aber verträgt es sich schlecht mit dem Stand einer gesinnungsschweren Diskussion, die sich zwischen einem übel beleumundeten »Kulturrelativismus« und einem alltagsreligiös verehrten »Universalismus« festgefahren hat. Indianersprachen nicht nur sprachwissenschaftlich studieren, sondern die andere Beziehung zu Zeit und Raum ernstnehmen, die ihre Grammatik vermittelt, ein solches Unterfangen hat etwas Anachronistisches an sich, seit das »westliche Denken« den Rang einer säkularen, doch wie ein religiöses Dogma behandelten Offenbarung zu beanspruchen droht.

Auf das Whorfsche Relativitätsprinzip komme ich deshalb wieder zurück, weil es mir im Angesicht der zunehmenden Konfusion des Redens über Sprachen und Kulturen als nützlicher Denkanstoß erscheint. Die Konfusion entsteht durch das Nebeneinander zweier völlig gegenläufiger Tendenzen. Auf der einen Seite bringen die Migrationsbewegungen, die Verwandlung traditioneller Nationalstaaten in Einwanderungsländer und der internationale Tourismus eine Entdramatisierung der Sprachfragen mit sich. Die Beziehung zwischen der Sprache und der Herkunft lockert sich, sprachliche und kulturelle Zugehörigkeit werden entkoppelt. Der in Stuttgart lebende Türke, der akzentfrei schwäbisch spricht, erregt in der Regel nicht mehr das Aufsehen einer Jahrmarktsrarität. Gleichzeitig aber werden an anderen Stellen der gleichen Welt die Sprachen erheblich dramatisiert. Sie müssen in den neuen Nationalstaaten, die aus den zerfallenen Imperien und Föderationen hervorgegangen sind, einen großen Teil des Gewichts der Erwartungen tragen, die an das rettende Nationale gerichtet werden. Denn wenn das Geld nichts wert ist, auch wenn es von der eigenen Nationalbank ausgegeben wird, wenn die nationale Regierung gerade so souverän handeln kann, wie die internationalen Bankenkonsortien ihr gestatten, dann bleibt als Symbol der nationalen Eigenständigkeit und Unverwechselbarkeit vor allem die Sprache übrig.

Was geschieht, wenn die Sprache auch dazu nicht taugt, weil man sie ausgerechnet mit denen teilt, von denen man sich als Nation absetzen und unterscheiden will, das läßt sich im ehemaligen Jugoslawien verfolgen. Die serbokroatische Sprache, die in Belgrad ebenso mühelos verstanden wird wie in Zagreb und Sarajevo, hat sich seit der Trennung der Republiken in drei angeblich vollkommen verschiedene Sprachen aufgeteilt. Der Narzißmus des kleinsten Unterschieds im Vokabular oder der

Betonung hat eine serbische, eine kroatische und eine bosnische Sprache entstehen lassen, mit jeweils neuestem eigenen Diktionär. Aus der kroatischen Sprache werden Wörter hinausgesäubert, die aus der Sprache der osmanischen Herrscher ins Serbokroatische eingewandert sind. »Erst wenn jemand nachweist, daß ein Subjekt, das serbisch und kroatisch spricht, zweisprachig ist, kann man legitimerweise darüber sprechen«, bemerkt dazu die serbische Autorin Svetlana Slapsak.[8] Wenn Ukrainer sich darüber aufregen, daß ihre Sprache von Fremden mit dem Russischen in eins gesetzt wird, sind sie dagegen zu verstehen: Ein Ukrainer, der ukrainisch und russisch spricht, ist ebenso zweisprachig wie ein Niederländer, der fließend deutsch spricht. Es gibt jedoch auch Sprachgrenzen, die nicht von Grammatik und Phonetik, sondern mit Hilfe der Maschinenpistole gezogen werden.

Am Ende des 20. Jahrhunderts scheint wieder 18. Jahrhundert angebrochen zu sein, was das Denken über die Sprachen angeht. Damals wurde entdeckt, daß die verschiedenen Sprachen mit der Geschichte der jeweiligen Völker verknüpft und nicht auf mysteriöse Weise aus einer Einheitsgrundlage hervorgegangen sind. Ihre Besonderheiten mußten mit den Besonderheiten der Völker zusammenhängen, mit denen sie sich entwickelt hatten. »Alles weist darauf hin, daß jede Sprache den Charakter des Volkes ausdrückt, das sie spricht«, verkündete zuversichtlich Etienne de Condillac.[9] Johann Georg Hamann übertrug den psychologischen Materialismus seines Menschenbildes auf die Völker und ihre Sprachen: »Wenn unsere Vorstellungen sich nach dem Gesichtspunct der Seele richten, und dieser nach vieler Meynung durch die Lage des Körpers bestimmt wird; so läßt sich ein gleiches auf den Körper eines ganzen Volkes anwenden. Die Lineamente ihrer Sprache werden also mit der Richtung ihrer Denkungsart correspondieren; und jedes Volk offenbart selbige durch die Natur, Form, Gesetze und Sitten ihrer Rede eben so gut als durch ihre äußerliche Bildung und durch ein Schauspiel öffentlicher Handlungen.«[10]

In den deutschen Ländern und Ländchen wurde der berühmte Ausspruch des Abbé Pluche –»L'État, c'est la langue« – gewissermaßen umgedreht: Wenn man auch keinen Staat hat, so hat man wenigstens die Sprache. Die Sprache wurde zum Staatsersatz. Über alle konfessionellen und dynastischen Gegensätze hinweg einte sie die verstreuten und untereinander verfeindeten Deutschen. Sie wurde zum Gegenstand eines Kults, dem sich vor allem die Dichter verschrieben. Daß die ersten deutschen Sprachgesellschaften zur Zeit des Dreißigjährigen Krieges entstanden sind, in dem Augenblick also, in dem das Reich deutscher Nation für alle sichtbar in Trümmer fiel, ist sicher kein Zufall. Die Antwort auf das äußere Desaster war die sich ausbreitende Wahnvorstellung von der Reinheit, Ursprünglichkeit und Überlegenheit der deutschen Sprache. Georg Philipp Harsdörffer, einer der Gründer des Pegnitzer Blumenordens, schrieb am Ende des Dreißigjährigen Krieges ein kurioses Preislied auf die deutsche Sprache: »Die anderen Sprachen müheten sich ihr nachzureden / konten aber nicht weit kommen / und musten der Teutschen Sprache den Vortritt überlassen.«[11] Wenn Sprachen aber den Charakter der Völker ausdrücken, die sie sprechen, wie die Entdeckung des 18. Jahrhunderts lautet, war es im Geist der deutschen Sprachpfleger nur noch ein Schritt bis zur Wahnidee von der Reinheit, Ursprünglichkeit und Überlegenheit des Volkes der Deutschen.

Bei der Anerkennung einer Sprachenvielfalt, die nicht mehr als bloß verschiedenfarbige Bekleidung eines einzigen, universellen, gottgestifteten Sprachkörpers verstanden wurde, war man nicht stehengeblieben, Vielfalt verschob sich unter der Hand zur Rangordnung.»Die Geiseseigenthümlichkeit und die Sprachgestaltung eines Volkes stehen in solcher Innigkeit der Verschmelzung in einander, dass, wenn die eine gegeben wäre, die andre müsste vollständig aus ihr abgeleitet werden können«, heißt es bei Wilhelm von Humboldt[12], unterstrichen von der Autorität des hochgebildeten Gelehrten, dessen vergleichende Sprachforschung sowohl die baskische Sprache aus der Versenkung hervorgeholt als auch das Mahabharata-Epos in Europa bekanntgemacht hat. Die spekulative These läßt die ganze Ambivalenz erkennen, die in der Sprachauffassung der Aufklärer angelegt war und die im 19. Jahrhundert im Zuge der nationalen Emanzipationsbewegungen aufbrach. Verklammerung von »Geisteseigenthümlichkeit und Sprachgestaltung« eines Volkes, einmal als Grundwahrheit akzeptiert, hieß zugleich, Völker, die keine eigene Sprache besitzen, zu Völkern ohne Eigenschaften machen. So begann die verbissene Suche nach der einen Nationalcharakter konstituierenden eigenen Sprache.

Erst durch die Aufteilung der tschechoslowakischen Republik in zwei getrennte Staaten ist vielen westlichen Zeitgenossen aufgegangen, daß es neben der tschechischen auch eine slowakische Sprache gibt. Der slowakische Schriftsteller Martin Simečka beschreibt die Geschichte dieser Sprache:»Die literarische Norm der slowakischen Sprache hatten im 19. Jahrhundert einige slowakische Intellektuelle festgelegt. Als Basis nahmen sie die Umgangsprache in der Zentralslowakei mit ihren kräftigen, palatalisierten Konsonanten. Mir war dieser Vorgang in der Grundschule als einer der wichtigsten in der Geschichte der Nation beigebracht worden. Offen gestanden, habe ich bis auf den heutigen Tag nicht verstanden, warum dies geschah. Vorher schrieben slowakische Schriftsteller Tschechisch oder schlimmstenfalls Ungarisch. Mit dieser neuen, literarischen Sprache, dem Tschechischen so nahe, daß man sie für einen seiner Dialekte halten konnte, schenkten diese Intellektuellen der Nation eine Wiege, die diese, inzwischen schon herangewachsen, vielleicht gar nicht mehr brauchte. Ich frage mich, ob diese neue Sprache für die Nation nicht eher eine Falle bedeutete. Aus Angst, sie zu verlieren, verteidigten Linguisten diese Sprache um jede Schrittbreite gegen alle, die sie, wie die Schriftsteller, mit etwas Leben zu füllen versuchten.«[13] Dieses aus dem Boden gestampfte Slowakisch, fügt Simečka hinzu, der als Autor vor 1989 nur im tschechoslowakischen Untergrund veröffentlichen konnte, sei eine besonders leichte Beute der realsozialistischen *newspeak* geworden, weil ihm das Rückzugsgebiet eines lebendigen, plebejischen Idioms fehlte, wie es den Tschechen zur Verfügung stand.

Aus dieser slowakischen Erfahrung läßt sich selbstverständlich kein zwingendes Argument gegen die Neukonstituierung einer nationalen Sprache im Lauf eines Prozesses nationaler Emanzipation ableiten. An diesem Beispiel wird nur sichtbar, wie problematisch die Folgen ausfallen können, wenn die romantische Lehre von der Sprache als Ausdruck eines unverwechselbaren Volkscharakters wörtlich genommen und in Maßnahmen umgesetzt wird. Die Sprache ist zweifellos ein zentrales Element im Bewußtsein einer Gruppenzugehörigkeit, aber sie ist es nicht exklusiv. Eine »gemeinsame Sprache sprechen«, das heißt ohne größere Erläuterungen übermitteln können, was man meint, und verstehen, was gemeint ist, das muß nicht unter allen Umständen bedeuten, die gleiche Nationalsprache zu sprechen. Der aus dem Denken der Aufklärung und der bürgerlichen Emanzipation hervorgegangene Gedanke, daß die Eigenheiten der Sprachen den Besonderheiten der jeweiligen Völker entsprechen, konnte den wirklichen Verhältnissen mit ihrer ungleichen Verteilung der Sprachen auf die entstandenen und bestehenden Kollektive in Europa nicht gerecht werden. Seine Prämissen gerieten mit realen Emanzipationsprozessen in Konflikt, die in den Gesellschaften des 19. Jahrhunderts in Gang gekommen waren. Am Kampf der Juden um ihre Emanzipation in Deutschland, diesem Land, das auf die Sprache als einheitsstiftendem Element so ungeheures Gewicht gelegt hat, wird das Dilemma besonders deutlich.

In seinem erhellenden Buch *Jüdischer Selbsthaß* erinnert Sander L. Gilman an die bemerkenswerte Gestalt des Gelehrten Moritz Lazarus. Lazarus hat, ganz im Geist der humboldtschen Lehre von der »innigen Verschmelzung« von Sprach- und Volkscharakter, Völkerpsychologie als Wissenschaft begründet. Als religiöser Jude befaßte er sich daneben eingehend mit der Ethik des Judentums. Als der Historiker Heinrich von Treitschke dem politischen Antisemitismus in Deutschland das professorale Stichwort gab, indem er einer »natürlichen Reaction des germanischen Volksgefühls gegen ein fremdes Element« den Segen erteilte, antwortete ihm neben vielen anderen auch der Völkerpsychologe Lazarus. Er griff dabei auf seine Grundauffassung vom engen Zusammenhang zwischen Volkscharakter und Sprache zurück und kehrte nur die Prioritäten um: Es ist die Sprache, die durch ihre die Denkweise prägende Kraft Gemeinschaft stiftet. National sein heißt dementsprechend, dieselbe Sprache zu sprechen. Mit den Worten »Wir sind Deutsche, als Deutsche müssen wir reden«, eröffnete Lazarus seinen als Replik auf Treitschke gehaltenen Vortrag an der Berliner Hochschule für die Wissenschaft des Judentums.[14] Gerade den Gebrauch der deutschen Sprache machten die Antisemiten aber zu einem ihrer agitatorischen Knüppel bei den Attacken gegen die Juden.

Die Juden in Deutschland gerieten in die Falle der Ambivalenz, die das romantische Sprachdenken aufgestellt hatte. Sprachen sie deutsch wie alle anderen auch, warfen die Antisemiten ihnen vor, sich in diese Sprache nur eingeschlichen zu haben, sich mit ihr zu tarnen, als »deutsch sprechende Orientalen«, wie Treitschke sich ausdrückte. Deutsch sprechen genügte nicht, erst das durch kollektive Vererbung erworbene »deutsche Fühlen« gab in den völkischen Augen das Recht, sich der deutschen Sprache zu bedienen. Sprachen die Juden, die aus dem Osten eingewandert waren, ihr mitgebrachtes Jiddisch, erging es ihnen jedoch auch nicht besser, denn nun mußten sie sich vorwerfen lassen, nicht einmal eine richtige Sprache zu sprechen, sondern nur ein Abfallprodukt, in dem die Antisemiten zudem ein den Deutschen einst entwendetes Diebesgut erkannten. Selbst Eduard Engel, dem den Barockdichter Harsdörffer an deutschem Sprachchauvinismus noch übertreffenden Sprachreiniger – Gilman kennzeichnet ihn maliziös, unter Anspielung auf den gefürchteten Sprachwächter des *New York Times Magazine*, als den »William Safire für das zweite Deutsche Reich« – wurde die deutsche Erregung über das jüdische Mauscheln zuviel: »In Deutschland gibt es wohl keine verächtlichere Benennung einer Sprachgemeinschaft als Mauschelei. So sage man mir, welcher sprachwissenschaftliche Unterschied zwischen *Mauscheln* und *Welscheln* ist! Der hochdeutsche oder jiddische Mauschler durchsetzt sein deutsches Gemauschel mit hebräischen Brocken: ist etwa Hebräisch, die Sprache der Bibel, weniger vornehm als Mönchslatein oder Berlinfranzösisch?«[15] In einem deutschen Straflager bei Stryi in Galizien hat der französische Kriegsgefangene und ehemalige Spanienkämpfer Yann Daniel während des Zweiten Weltkriegs miterlebt, wie sich der kommunistische Mitgefangene Chaim Knoblauch alias Popoff bei seinen Bewachern für die deutsche Verachtung des Jiddischen revanchierte: »Popoff hat eines Tages einem deutschen Offizier auseinandergesetzt, daß die Sprache Goethes schlechtes Jiddisch sei, was ihm eine Vorzugsbehandlung auf Dauer einbrachte.«[16]

Nicht nur in Deutschland, aber dort mit besonders katastrophalen Folgen, hat sich die Idee der inneren Korrespondenz zwischen Sprache, Kultur und nationaler Eigenart eingewurzelt. Ihre wichtigste Stütze findet sie im Alltagsbewußtsein, das im Zweifelsfall nicht differenziert und blind dem Prinzip der Identität des Nichtidentischen folgt, doch alle mir bekannten Anstrengungen, aus Sprachen Aufschlüsse über den Wesenscharakter einer Nation zu gewinnen, enden damit, daß sie aus einer Sprache genau das herauslesen, was sie zuvor in sie hineingelesen haben. Wer die Deutschen beispielsweise schwerfällig und umständlich findet, wird dann klischeegemäß die deutsche Syntax mit ihrer Verbstellung am Ende des Satzes heranziehen, um darin den Ausdruck typisch deutscher Umstandskrämerei zu erkennen. Umgekehrt lassen sich auch mit Englisch, Italienisch, Russisch etc. vergleichbare Rechnungen aufmachen. Das alles ist natürlich Unsinn. Der Gebrauch des Deutschen in der deutschsprachigen Schweiz macht aus Schweizern keine Deutschen, so wenig wie der Gebrauch des Englischen in Amerika aus Kanadiern, US-Amerikanern oder Jamaikanern typische Briten macht, das Spanische in Mexiko Spanier hervorbringt oder das Französische in Québec Franzosen.

In manchen ehemaligen Kolonien der europäischen Großmächte sind die Schriftsteller inzwischen auch davon abgekommen, in der Rückkehr zu den von den Kolonialherren unterdrückten Volkssprachen den absolut entscheidenden Schritt ihrer kulturellen Emanzipation zu sehen. Raphaël Confiant aus Martinique zum Beispiel hat unter dem Eindruck der Autonomietendenzen in seinem Land kreolisch zu schreiben begonnen, hat seine jüngsten Bücher jedoch in französischer Sprache verfaßt; man hat ihm deshalb den Vorwurf gemacht, allein im Blick auf den Markt die Sprache zu benützen, die Chancen für den Prix Goncourt eröffnet, den sein Landsmann Patrick Chamoiseau für den Roman *Texaco* auch tatsächlich bekommen hat. Es gibt jedoch eine Begründung für den Gebrauch des Französischen in der Literatur der kreolophonen Inseln der Antillen, die nichts mit Marktchancen zu tun hat, sondern die aus der Reflexion auf die Sprachen selbst hervorgeht. Sie erscheint mir über den besonderen Fall der Sprachen in der antillanischen Literatur hinaus interessant und nachdenkenswert.

Édouard Glissant, der martinikanische Schriftsteller, der von Confiant, Chamoiseau und anderen als der große Lehrer verehrt und selbstverständlich zugleich bekämpft wird, ist mit Kreolisch aufgewachsen, hat aber nicht kreolisch geschrieben. Er unterscheidet scharf zwischen »Kreolisation« und »Kreolismus« in der antillanischen Literatur: »Was die Leute unter Kreolisation verstehen, das ist Kreolismus, das heißt ins Französische kreolische Wörter einbauen, neue französische Wörter auf der Grundlage kreolischer Wörter fabrizieren. Ich finde, das ist die exotische Seite der Geschichte … Kreolisation ist für mich nicht Kreolismus: es heißt eine Sprache hervorbringen, die sich der möglicherweise gegensätzlichen Poetiken der kreolischen und der französischen Sprache bedient. Was meint hier Poetik? Der kreolische Erzähler benützt Verfahren, die nicht zum Geist der französischen Sprache passen, ihm vielleicht entgegenstehen: Verfahren der Wiederholung, der Verdoppelung, des Einhämmerns, des Atemholens.« Mit anderen Worten, der kreolische Stempel einer Literatur der Kreolisation kommt nicht vom Vokabular, das eingestreut wird, sondern vom Einschleusen anderer Rhythmen in die französische Sprachmelodik, vom kaum merklichen, nicht sichtbar gegen die Regeln verstoßenden Aufbrechen des französischen Satzbaus durch die Präsenz einer anderen poetischen Syntax.

In Glissants Verständnis ist »Kreolisation« keine regionale Angelegenheit, die nur die Kultur der Antillen etwas angeht, sondern eine Herausforderung, die auf weite Teile der sich durch Migrationen und globale Kommunikation verändernden Welt zukommt. Sie bedeutet weder Kulturmischmasch noch Zwang zu klassischer Vielsprachigkeit. »Das Problem ist nicht, andere Sprachen zu sprechen. Man kann durchaus keine andere Sprache als seine eigene sprechen. Es handelt sich eher um die Art und Weise, seine eigene Sprache zu sprechen, sie geschlossen oder offen zu sprechen; sie ohne das Bewußtsein von der Präsenz der anderen Sprachen zu sprechen oder im Bewußtsein von der Möglichkeit, daß die anderen Sprachen existieren und uns beeinflussen, selbst wenn man es nicht weiß. Es ist keine Frage der Wissenschaft, der Kenntnis der Sprachen, sondern eine Frage der Phantasie der Sprachen.«[17]

Ein Kontrastprogramm zu dem in anderen, vor allem europäischen Teilen der Welt von neuem sich einnistenden nationalistischen Starrsinn, der den Leuten einreden will, die eingezäunte, gereinigte und versiegelte nationale Sprache stelle ein zuverlässiges Rückzugsgebiet zur Verfügung, in dem man glücklich unter seinesgleichen ist, wenn auch alle anderen Grenzen nicht mehr dichthalten. Es setzt ihm keine rosarote Vision einer Welt entgegen, in der man von der einen Sprache zur anderen switchen könnte, so wie man mit der Fernsteuerung von einem Programm zum anderen zappt. Das wäre ebenfalls eine Horrorvision, in der die Annahme steckt, daß die Unterschiede zwischen den Sprachen letztlich gleichgültig sind, daß Sprachen sich nur noch wie Fernsehprogramme voneinander unterschieden, das heißt, abgesehen vom jeweils eingeblendeten Firmenzeichen, in nichts. Gegen einen solchen universalistischen Alptraum ist für mich das linguistische Relativitätsprinzip mit Nachdruck zu verteidigen. Benjamin Lee Whorf hat es zudem mit einer Nuance versehen, die es vor jedem Mißbrauch durch völkerpsychologische Spekulanten schützt:

»Ohne zu entscheiden, ob der Satz (von der Relativität) universale Gültigkeit hat oder nicht, läßt sich sagen: Es gibt Fälle, in denen die Weisen des Sprachgebrauchs integrierend mit den anderen Teilen der Kultur verbunden sind. Und es gibt innerhalb dieser Integration Verbindungen zwischen der Art der verwendeten sprachlichen Analyse, den mannigfaltigen Verhaltensweisen und auch den Formen kultureller Entwicklungen.«[18] Gegen diese These läßt sich in dieser Form kaum etwas einwenden. Doch auch wenn das Problem des Zusammenhangs sprachlicher Fakten mit kulturellen Entwicklungen einmal beiseite gelassen wird, bleibt noch eine andere Frage zu klären: Was unterscheidet die Sprachen jenseits offenkundiger lexikalischer, phonetischer und syntaktischer Differenzen, was entzieht sich der Übersetzbarkeit, und

worin liegt die Bedeutung dieser Unterschiede, die ihre Aufrecht-
erhaltung wünschenswert erscheinen lassen?

In Walter Benjamins Aufsatz »Die Aufgabe des Übersetzers«
findet sich eine Beobachtung, die mir eine überzeugende Antwort zu enthalten scheint. »In ›Brot‹ und ›pain‹ ist das Gemeinte
zwar dasselbe, die Art, es zu meinen, dagegen nicht. In der Art
des Meinens nämlich liegt es, daß beide Worte dem Deutschen
und Franzosen je etwas Verschiedenes bedeuten, daß sie für beide
nicht vertauschbar sind, ja sich letzten Endes auszuschließen stre-
ben; am Gemeinten aber, daß sie, absolut genommen, das Selbe
und Identische bedeuten. Während dergestalt die Art des Meinens in diesen beiden Wörtern einander widerstrebt, ergänzt sie
sich in den beiden Sprachen, denen sie entstammen. Und zwar
ergänzt sich in ihnen die Art des Meinens zum Gemeinten.«[19]

Die Art des Meinens, der Rest, der sich nicht übersetzen läßt,
das macht die Besonderheit und Unersetzbarkeit jeder einzelnen
Sprache aus; mit jeder Sprache, die verschwindet oder nicht
mehr gesprochen und geschrieben wird, verschwindet eine
durch nichts ersetzbare Art des Meinens: Darin besteht die Ver-
armung der ihre Sprachen hinaussäubernden Welt. In der »Rede
über die jiddische Sprache« macht sich Kafka über die Übersetzbarkeit des Jiddischen Gedanken und gelangt zu diesem Schluß:
»Man kann nämlich Jargon nicht in die deutsche Sprache übersetzen. Die Verbindungen zwischen Jargon und Deutsch sind zu
zart und bedeutend, als daß sie nicht sofort zerreißen müßten,
wenn Jargon ins Deutsche zurückgeführt wird, das heißt es wird
kein Jargon mehr zurückgeführt, sondern etwas Wesenloses.
Durch Übersetzung ins Französische zum Beispiel kann Jargon
den Franzosen vermittelt werden, durch Übersetzung ins Deutsche aber wird er vernichtet. ›Toit‹ zum Beispiel ist eben nicht
›tot‹, und ›Blüt‹ ist keinesfalls ›Blut‹.«[20]

Eine nachdenkenswerte Beobachtung. Über Kafkas Ansicht,
daß sich durch die Übersetzung ins Französische eher etwas vom

Spezifischen der jiddischen Sprache vermitteln läßt als durch Übersetzung ins Deutsche, läßt sich wahrscheinlich streiten. In beiden Übersetzungen wird die Art des Meinens, die an der Lautfolge »toit« hängt, nicht wiedergegeben. Doch wer das Wort hört und eben so viel versteht, daß es tot meint, doch auf eine ganz eigene Weise meint, die gerade wegen der trennenden Nähe zum deutschen Wort tot erahnbar wird, der kann, glaube ich, etwas von der Unersetzlichkeit dieser Sprache begreifen. Und damit etwas von der Nichtaustauschbarkeit jeder Sprache. Die nachträglichen Übersetzungen jiddischer Bücher sind nur ein schwacher Trost, denn sie erhalten etwas Entscheidendes nicht am Leben: eine Art des Meinens, die mit der Vernichtung des europäischen Judentums aus der Welt verschwunden ist.

Das immer rasanter werdende Sprachensterben verringert nicht nur die Vielfalt solchen Meinens. Mit Sprachen gehen auch bestimmte Interpretationen der Wirklichkeit verloren. Welche Sprachen verschwinden und welche sich auf dem Platz der verschwundenen breitmachen, darüber entscheidet ein jenseits der Sprachen selbst ausgetragener Überlebenskampf, bei dem die Gruppe der Sieger von vornherein feststeht. Whorf hat bereits in den dreißiger Jahren darüber nachgedacht, was dieser Triumph bedeutet: »Die westliche Kultur hat durch ihre Sprache eine vorläufige Analyse der Realität geleistet. Wenn es kein Korrektiv mehr für sie gibt, wird sich alle Welt entschlossen an diese Analyse als eine endgültige halten. Die einzigen Korrektive aber liegen in all jenen anderen Sprachen, die durch Äonen einer unabhängigen Entwicklung zu ganz anderen, ebenso logischen und ebenso vorläufigen Analysen gelangt sind.«[21] Damit wären wir mit dem Verschwinden einer Alternative auf ökonomischem Gebiet durch den Kollaps des Realsozialismus dem Zustand noch ein Stück nähergekommen, den das Sprachensterben im Gefolge hat: einer Welt ohne Korrektiv.

ALTNEUES BABEL
Literatur und Mehrsprachigkeit

D er Mann Moses, der laut der biblischen Erzählung Gottes
Gebote entgegennahm und der gleichen Erzählung zufolge das Prinzip der alphabetischen Aufzeichnung erfand, war
kein Vorbild an Sprachbeherrschung. Thomas Manns Erzählung
Das Gesetz deutet sogar einen Zusammenhang zwischen Moses'
genialer Eingebung und seiner auffallenden Sprachschwäche an.
Moses ist demnach als miserabler Redner vorzustellen, der sich
beim Sprechen verhaspelte, die Wörter durcheinanderbrachte,
zwar mehrere Sprachen sprach, keine davon aber richtig. »Von
Hütte zu Hütte ging er und von Fronplatz zu Fronplatz, schüttelte die Fäuste zu seiten seiner Schenkel und sprach von dem
Unsichtbaren, dem zum Bunde bereiten Gotte der Väter, obgleich er im Grunde nicht sprechen konnte. Denn er war
stockend gestauten Wesens überhaupt und neigte in der Erregung zum Zungenschlag, war aber außerdem so recht in keiner
Sprache zu Hause und suchte in dreien herum beim Reden. Das
aramäische Syro-Chaldäisch, das sein Vaterblut sprach und das er
von seinen Eltern gelernt, war überdeckt worden vom Ägyptischen, das er sich in dem Schulhause hatte aneignen müssen, und
dazu kam das midianistische Arabisch, das er solange in der Wüste gesprochen. So brachte er alles durcheinander.«[1]

Sprachverwirrung wird in der biblischen Legende des Turmbaus von Babel als göttliche Strafe verhängt, die säkulare Bauwut
der Menschen hatte den göttlichen Zorn erregt. Zuvor besaß
»alle Welt einerlei Zunge und Sprache«, sagt das Erste Buch Mo-

ses, sogar Himmel und Erde hatten dieselbe. Adam brauchte keinen Dolmetscher, als Gott zu ihm sprach. Merkwürdigerweise hat gerade dieser biblische Mythos der neuzeitlichen Entmythologisierung recht hartnäckig widerstanden. Die Philologen des 18. und 19. Jahrhunderts wandten einen großen Teil ihrer Energien darauf, die vorbabylonische Einheitssprache zu rekonstruieren, und, nachdem ihnen das mißlungen war, wenigstens den Nachweis zu führen, daß die historische Sprache, der sie jeweils den Vorzug gaben, vom Hebräischen bis zum Deutschen, mit der Sprache des Paradieses identisch sei.[2] Auch die Aufklärer standen noch im Bann des Fluchs der Sprachverwirrung: »Es ist kein besseres Kunstgriffchen der Despotie als die Sprachverwirrung und die Halbbegriffe. Ich halte also den Thurmbau zu Babel für ein Gaunerstückchen irgend eines Nimrod oder Samuel«, schrieb Johann Gottfried Seume.[3] In Heines *Rabbi von Bacharach* dagegen taucht Babylon in ganz anderer Beleuchtung auf, als eine Stadt, »in der die Lebenslust schäumte im Tempel der Götter.«[4]

In der Gegenwart hat sich Babel in eine nostalgisch umflorte Metapher verwandelt. Das »Babel des Ostjudentums« nennt Verena Dohrn das nicht mehr existierende Czernowitz. Eine Stadt am bulgarischen Ufer der unteren Donau namens Rustschuk, deren heutigen Namen Ruse kaum jemand erwähnt, so, als zählte nur der vergangene, ist von babylonischer Aura umgeben, seit Elias Canetti in seiner Autobiographie die Stadt als den Ort seiner sprachenumsäumten Kindheit vorgestellt hat: »Es war oft von Sprachen die Rede, sieben oder acht verschiedene Sprachen wurden allein in unserer Stadt gesprochen, etwas davon verstand jeder, nur die kleinen Mädchen, die von den Dörfern kamen, konnten Bulgarisch allein und galten deshalb als dumm. Jeder zählte die Sprachen auf, die er kannte, es war wichtig, viele von ihnen zu beherrschen, man konnte durch ihre Kenntnis sich selber oder anderen Menschen das Leben retten.«[5] Für Imre Kertész wurde es tatsächlich zur Lebensrettung, daß er auf dem Gymnasium in Budapest Deutsch gelernt hatte; so war er der einzige unter seinen mit ihm nach Auschwitz deportierten jungen Altersgenossen, der den dringenden Appell jiddisch sprechender Häftlinge verstand: Sie sollten sich älter machen, als sie sind, um zur Arbeit und nicht zum Sterben eingeteilt zu werden.[6] Die göttliche Strafe der Bibel erscheint im Rückblick als eine beneidenswerte Gnade, die besonders den Bewohnern mittel- und osteuropäischer Regionen zuteil wurde, eine Gunst des Schicksals, die um so heller leuchtet, je weiter ihre sichtbare Auswirkung in die Vergangenheit entschwindet. Bei seinem Besuch in Ruse alias Rustschuk hat Claudio Magris zwar Canettis Geburtshaus, aber nichts mehr von den sieben oder acht Sprachen jener Kindheit wiedergefunden.

Ich teile die babylonische Nostalgie. Bei Spaziergängen durch Lemberg und Czernowitz, durch Prag und Budapest ist unwillkürlich stets die Sehnsucht nach Epochen mitgewandert, in denen die Möglichkeit der Mehrsprachigkeit in jedermanns Reichweite lag. Wenn ich den gebürtigen Prager Antonin Liehm oder den Krakauer Jacek Wozniakowski ohne Stockung zwischen ihrer jeweiligen Muttersprache und wahlweise Französisch, Englisch, Deutsch und vielleicht noch einer weiteren Sprache wechseln sehe, werde ich neidisch und habe zugleich die beglückende Empfindung, Zeuge des Überlebens der alten mitteleuropäischen Mehrsprachigkeit zu sein. Daß diese Empfindung wie so vieles andere in diesem Zusammenhang einer freundlichen Projektion entspringt, ist mir durchaus bewußt. Bei der Diskussion mit Studenten in Danzig habe ich feststellen müssen, daß Französisch, Lieblingsfremdsprache gebildeter Polen, bei ihnen ausrangiert ist und nur noch Englisch das Terrain beherrscht. Die realsozialistische Abschließung hat der Mehrsprachigkeit weitgehend die Zufuhr abgeschnitten, heute scheint es die Sprache der amerikanischen Computersoftware zu sein, die bei der Wahl einer zweiten Sprache den Ausschlag gibt. Die babylonische Nostalgie verlangt jedoch ihrerseits nach Aufklärung.

Daß einige der interessantesten europäischen Literaturen in Gegenden entstanden oder mit ihnen verbunden sind, die Helmut Eisendle als »sprachverunsicherte Zonen« bezeichnet, das ist für mich offenkundig, ich muß nur an Italo Svevo, Franz Kafka, Paul Celan, Elias Canetti, Joseph Roth, Bruno Schulz, Danilo Kiš und viele andere denken. In der Vielvölkerstadt Novi Sad in der Voivodina hat der Schriftsteller Aleksandar Tišma, den ich als Prosaautor ganz besonders schätze, den größten Teil seines Lebens verbracht. In Frankreich hatte ich einmal Gelegenheit, dem inzwischen nach Paris emigrierten Tišma zuzuhören, dessen vielseitige Sprachkenntnisse die gute südosteuropäische Schulung verraten. Tišma sieht es als einen großen Vorzug an, durch das Zusammenleben mit ganz verschiedenen Völkern zum täglichen Nachdenken über die fremden und über die eigenen Besonderheiten gezwungen gewesen zu sein. Er fürchtet nur, daß sich der Vorzug in der Gegenwart in eine schwere Bürde zu verwandeln droht. Moderne Menschen, so seine Ansicht, zeigen sich überfordert von solcher Komplexität, so daß sie die Konflikte zwischen den Nationalitäten nicht mehr verarbeiten können, sondern ihnen, wenn sie sich regen, gleich mit Gewalt begegnen. Ich weiß nicht, ob darin schon die ganze Erklärung für die Explosion der Gewalt im ehemaligen Jugoslawien mit seinen sechzehn offiziellen Sprachen steckt, doch nehme ich Tišmas Auskunft als Hinweis darauf ernst, daß man sich vor allzu idyllischen Bildern des Vielvölkerlebens hüten muß.

Ist Babylon »die Wunde, die geheilt werden müßte«, oder »das vorgeschichtliche Geschenk, das wir uns wieder aneignen müssen«, fragt Umberto Eco[7]. Der heutige Anblick der ehemaligen Vielvölkerstädte Lemberg oder Czernowitz legt die Antwort nahe, daß Europa dieses babylonische Geschenk trotz seiner Reize eigentlich nicht hat haben wollen und die Gelegenheit des gewaltsamen Staatenumbaus und der machtbegründeten Grenz-verschiebungen im 20. Jahrhundert ergriffen hat, um die Gabe Babel wieder loszuwerden. Also doch eher eine zu heilende Wunde als ein vorgeschichtliches Geschenk: der mythische Fluch hätte damit seine Absegnung durch den Gang der neueren Geschichte erhalten. Kein Platz mehr für einen Moses, der zwischen drei Sprachen schwankt und dabei die Schrift erfindet.

In einem »›In mehreren Völkern‹ denken« überschriebenen Kapitel seines Buchs *Donau* erzählt Claudio Magris die denkwürdige Geschichte eines avantgardistischen ungarischen Dichters namens Reiter Róbert, der seit Ende des Zweiten Weltkriegs in Budapest als verschollen galt. Der Verschollene war aber gar nicht aus der Welt verschwunden, er war nur ein paar hundert Kilometer nach Südosten gezogen, hatte sich in Temesvár niedergelassen und sich dort in den rumäniendeutschen Dichter Franz Liebhard verwandelt, der Gedichte in traditioneller Sonettform und sogar in banatschwäbischem Dialekt schrieb. Es ist eine verwickelte Geschichte von vertauschten Namen und gewechselten Schreibweisen, bei der nur festzustehen scheint, daß der Dichter tatsächlich der deutschen Minderheit im Banat entstammte und dort als Robert Reiter zu der Zeit aufgewachsen war, als der Banat noch zum Königreich Ungarn gehörte. »Ist die Geschichte von Reiter-Liebhard ein Schritt vorwärts oder rückwärts«, schreibt Magris, »erzählt sie die epische Rückkehr des Odysseus oder die eines Ausreißers, der reumütig wieder nach Hause zurückkehrt und nunmehr einen anständigen Weg einschlägt? Ist jenes ›Denken in mehreren Völkern‹ eine einheitliche Synthese oder ein heterogener Wirrwarr, eine Summe oder eine Subtraktion, bewirkt es, daß man dadurch reicher oder zu einem Niemand wird?«[8]

Eine allgemeingültige Antwort läßt sich darauf sicher nicht geben. Wenn Literatur in »sprachverunsicherten Zonen« offenbar ein günstiges Terrain findet, wenn es, um ein anderes Beispiel zu nennen, auf der Hand liegt, daß Fritz Mauthners Sprach-philosophie ohne die Inspiration durch die spezifische Prager Sprachsituation nicht zu denken ist, so läßt sich für die Literatur selbst die Beziehung zwischen Schreiben und Sprache nicht leicht bestimmen. Gerade auch innerhalb der Literatur der »sprachverunsicherten Zonen« hat das Sprachverhältnis einen ausgesprochen konservativen Zug: der als Übersetzer polyglotte Czernowitzer Paul Celan hat in Jahrzehnten des französischen Exils an der deutschen Sprache festgehalten, Elias Canetti schrieb ebenfalls zeitlebens deutsch. Fälle von vollständigem li-terarischen Sprachwechsel wie bei dem von Magris erwähnten Reiter-Liebhard, wie bei Beckett oder Nabokov sind Seltenhei-ten; literarische Zweisprachigkeit gibt es häufiger bei Autoren, die dezidiert zweisprachigen Kulturen wie den nordafrikani-schen entstammen, so schreibt der Algerier Rachid Boudjedra abwechselnd französisch und arabisch. Die Sprachen gewechselt haben die Ungarinnen Agotha Kristof und Christine Viragh, die eine schreibt französisch, die andere deutsch, die in Prag auf-gewachsene Libuše Moníková ist eine deutsche Autorin gewor-den. In deutscher Sprache schreiben der Iraner Said und der Syrer Rafik Schami, eine Reihe weiterer Namen ließe sich hin-zufügen, mit dem Älterwerden der Immigration in den west-europäischen Ländern wird sich die Liste der Sprachwechsler aller Voraussicht nach verlängern. Doch die Sprache der Literatur besitzt ihr eigenes Beharrungsvermögen, die sie eigenartig resi-stent macht gegenüber den Zwängen und auch den Lockungen, die Migration und Exil mit sich bringen.

Der georgische, in Berlin mit Deutsch aufgewachsene Schriftsteller Giwi Margwelaschwili hatte nach seiner Zwangs-umsiedlung nach Tbilissi über vierzig Jahre lang keine Möglich-keit, die Sowjetrepublik Georgien zu verlassen. Der gelernte Philosoph benützte dort die gelernte georgische Sprache, wenn er philosophische Abhandlungen verfaßte, doch seine literarischen Bücher schrieb er, ohne jegliche Aussicht, sie einmal gedruckt zu sehen, auf deutsch, der Sprache seiner Kindheit und Jugend. Erst nach dem Ende der Absperrung des Ostens erlebte er die Veröffentlichung einiger seiner Romane in Deutschland.[9]

Der tschechische Schriftsteller Josef Škvorecký, Autor der auch ins Deutsche übersetzten Romane *Feiglinge, Legende Emöke* und *Junge Löwin*, ist 1969 nach Toronto emigriert. Er gründete dort zusammen mit anderen Emigranten einen tschechischen Verlag, wurde Professor für englische Literatur und schreibt in zwei Sprachen, allerdings nicht jede Art von Text. Romane schreibt er in seiner tschechischen Muttersprache. »Fiktion bedeutet Spiel mit der Sprache auf eine Weise, die andere Texte nicht gestatten. Ich benutze Slangwörter, verschiedenartige Redewendungen, mache Witze und spiele mit Dialekten. Ich finde es schwierig genug, dies in der Sprache zu tun, die ich mein ganzes Leben lang gesprochen habe, der Sprache, in der ich mich zu Hause fühle. Ich glaube nicht, daß es mir im Englischen gelänge – hier bin ich nur ein Besucher, der spät gekommen ist. Es würde sicher meinen Stil ändern, ich bin aber nicht sicher, daß ich wirklich auf englisch schreiben könnte. Ich schreibe allerdings sehr gerne Essays und Kritiken auf englisch, teilweise weil es eine Herausforderung ist, eine geringere allerdings als die, in einer erworbenen Sprache zu erzählen. Ich würde sogar sagen, ich schreibe essayistische Texte lieber auf englisch, weil – das mag seltsam klingen – mir im Englischen bessere Ideen kommen und weil ich meine Ideen auf englisch klarer formulieren kann. Es liegt vielleicht daran, daß ich, wenn ich tschechisch schreibe, leicht in Klischees und Plattitüden und vorgefertigte Ausdrucksweisen hineinrutsche.«[10]

Die letzte Auskunft Škvoreckýs finde ich aufschlußreich, weil sie im Widerspruch zu einer weitverbreiteten Ansicht über den Unterschied zwischen dem Schreiben in der Muttersprache und einer fremden oder erworbenen Sprache steht. Gegenüber der fremden Sprache verhält man sich demnach so, wie sich ein Immigrant gewöhnlich im neuen Land verhält, man beachtet genau die Regeln, ahmt die Einheimischen nach, hält sich an bewährte Verfahren, greift auf gängige Wendungen zurück, anders gesagt, schreibend verhält man sich unfrei. Die Reserven, die Adorno in seinem Aufsatz »Die Wunde Heine« gegenüber dem Lyriker Heine anmeldet, ist von dieser Vorstellung inspiriert: »Denn seine von der kommunikativen Sprache erborgte Geläufigkeit und Selbstverständlichkeit ist das Gegenteil heimatlicher Geborgenheit in der Sprache. Nur der verfügt über die Sprache wie über ein Instrument, der in Wahrheit nicht in ihr ist. Wäre es ganz die seine, er trüge die Dialektik zwischen dem eigenen Wort und dem bereits vorgegebenen aus, und das glatte sprachliche Gefüge zerginge ihm. Dem Subjekt aber, das die Sprache wie ein vergriffenes Ding gebraucht, ist sie selber fremd. Heines Mutter, die er liebte, war des Deutschen nicht ganz mächtig. Seine Widerstandslosigkeit gegenüber dem kurrenten Wort ist der nachahmende Übereifer des Ausgeschlossenen.«[11]

Die »Wunde Heine« ist für Adorno ein frühes Symptom des Scheiterns der jüdischen Emanzipation in Deutschland. Was er an Heines Lyrik als Nachgiebigkeit gegenüber »der Gewalt einer fertigen, präparierten Sprache« kritisiert, ist ihm zufolge Ausdruck des heftigen Willens zur Assimilation, der in der umgebenden Gesellschaft nicht auf Gegenliebe stößt. Mit dem Hinweis auf Heines Herkunft gerät nun aber etwas merkwürdig Schiefes in die Argumentation – die Mutter war des Deutschen nicht ganz mächtig. Es kommt mir vor, als schlüge hier in Adornos Denken etwas vom Erbe Mendelssohns durch, jener gebildeten Verachtung der jüdischen Aufklärer für das »Mauscheldeutsch« der Judenviertel. Falls die Mutter tatsächlich kein korrektes Deutsch gesprochen hat, scheint es mir noch lange nicht ausgemacht, daß das Sprachverhältnis des Sohnes Harry Heine davon berührt war. Die Mutter Joseph Roths sprach mit Sicherheit kein ordentliches

Deutsch, sie war im wolhynischen Brody ja nicht aufs Gymnasium »mit deutscher Vortragssprache« gegangen, und doch wüßte ich kaum einen Schriftsteller deutscher Sprache, der die »Dialektik zwischen dem eigenen Wort und dem bereits vorgegebenen« so beweglich ausgetragen hatte wie Roth, bis in das leichteste Feuilleton hinein. Die Sprache, in der er so sehr zu Hause war, daß er jeden Schmutzwinkel zu kennen schien, wurde ihm zeitweilig sogar zu eng. Seiner französischen Übersetzerin Blanche Gidon vertraute er 1934 in einem französisch geschriebenen Brief seine heimliche Sehnsucht an:

»Ach, wenn ich nur französisch schreiben könnte! Heute, mit fast vierzig Jahren, beginne ich zu begreifen: Schreiben in nur einer Sprache, das ist wie nur einen Arm haben. Ich habe zwei Vaterländer und müßte zwei Vatersprachen beherrschen können. Doch ich bin alt! Und die Sprache eines Landes kennen, das ist noch schwerer, als seine Bewohner kennen! Ich habe zu gewichtige Dinge zu sagen, sie sind in meiner Seele bereits auf deutsch geformt.«[12]

Roths Mitteilung erscheint mir sehr hilfreich bei dem Versuch, die Problematik literarischer Zweisprachigkeit zu verstehen. Sie fügt Škvoreckýs Auskunft noch eine nicht unwichtige Nuance hinzu: es ist von »Vatersprachen« die Rede und nicht vom Kontrast zwischen »Muttersprache« und »gelernter« Sprache. Die Sprache, in der sich dem Schriftsteller die »gewichtigen Dinge« formen, wird aus der Verwurzelung in irgendeinem ethnischen Mutterboden herausgelöst. Sie ist nicht naturgegeben, ihre Wahl hängt von bestimmten Umständen ab, so wie andere Umstände, das zweite Vaterland des Exils zum Beispiel, eine zweite Vatersprache nahebringen können. Doch ist die Sprache, in der sich die »gewichtigen Dinge« formen, einmal gewählt, so ist der Schriftsteller nicht mehr frei, nach Belieben sich eine zweite literarische Vatersprache zu eigen zu machen. Er kann sich wie Roth nach einem zweiten Arm sehnen, doch der geübte

Arm wird in der Regel der stärkere bleiben, auch wenn der Autor in der Lage ist, einen zweiten sprachlichen Arm als Werkzeug der Kommunikation ganz gut zu gebrauchen. Die Literatur mit ihrem strengen Formgesetz setzt dem Traum von der Mehrsprachigkeit enge Grenzen. Das Beispiel des genialen Nabokov und einer Handvoll anderer Autoren widerspricht der These nicht, es handelt sich um seltene Ausnahmen. Der gelehrte George Steiner kann von sich behaupten, daß ihm die Sprachen Französisch, Englisch und Deutsch in gleicher Weise nah und vertraut sind. Es kann aber nicht jedem so wie ihm gegeben sein, in Paris zur Welt gekommen und in New York aufgewachsen zu sein und den aus Galizien stammenden Schriftsteller Karl Emil Franzos zum Großonkel gehabt zu haben.[13]

Das Formgesetz, das das Schreiben eng an eine bestimmte Sprache bindet, hat die Literatur in der Epoche der Nationalstaatsbildung dem Nationalismus in die Hände gespielt: Dichtung wurde als Produkt des einzigartigen Zusammenwirkens von ethnischem Erbe, kultureller Überlieferung und Geist der Nationalsprache zelebriert. Ein Champion auf dem Gebiet des Literaturchauvinismus ist der schon erwähnte Sprachreiniger Eduard Engel gewesen, der keine Hemmungen hatte, seine zweibändige *Geschichte der deutschen Literatur* aus dem Jahr 1906 mit diesen trommelnden Sätzen einzuleiten: »Die deutsche Literatur ist die erste unter den Literaturen der Welt. Diesen Satz an die Spitze dieses Buches zu setzen, treibt nicht blinder oder einseitiger Stolz auf die deutsche Literatur als die vaterländische, sondern er ist das abgewogene Ergebnis vergleichender Betrachtung der Literaturen in der Menschheitsgeschichte.«[14] Solcher Wahnsinn, der offenbar noch lange nicht ruhiggestellt ist, sondern sich in einigen der neuentstandenen Nationalstaaten von neuem regt, läßt sich sicher nicht mit freundlichen Appellen an kulturellen Kosmopolitismus oder mit dem farbigen Gegenbild eines vielstimmig zwitschernden literarischen Babel bekämpfen.

Mehrsprachigkeit scheint mir aus den genannten Gründen ein schwieriges, nur von wenigen umzusetzendes literarisches Ideal zu sein. Édouard Glissants Begriff von sprachlicher »Kreolität« ist dagegen viel weniger exklusiv: Es kommt nicht auf die Beherrschung mehrerer Sprachen an, sondern auf die Art und Weise, »seine eigene Sprache zu sprechen, sie geschlossen oder offen zu sprechen; sie ohne das Bewußtsein von der Präsenz der anderen Sprachen zu sprechen oder im Bewußtsein von der Möglichkeit, daß die anderen Sprachen existieren und uns beeinflussen, selbst wenn man es nicht weiß.« Solches Bewußtsein von der Anwesenheit anderer Sprachen und von der Offenheit der eigenen für den Einfluß, den sie unsichtbar ausüben, ist vielleicht das Geheimnis der andauernden Anziehung, die von Celans Lyrik ausgeht; gerade dies aber macht sie außerordentlich schwer übersetzbar: durch die Übertragung in eine andere Sprache verlieren die Wörter die Spuren, die andere Sprachen an ihnen und zwischen ihnen hinterließen, und sie nehmen den hermetischen Charakter an, den ihnen sprachliche Einäugigkeit gern nachsagt.

»Was wird also das Schicksal Europas sein? Gegen Babylon zu kämpfen und eine einzige Sprache wiederzufinden?« fragt Umberto Eco in seinem Buch *Die Suche nach der verlorenen Sprache*, das in einer Reihe mit dem Kongreßtitel »Europa bauen« erschienen ist. Der Frage haftet etwas von der euphemistischen Ungenauigkeit an, die zum Verkehrston von Europakongressen gehört, denn das real existierende Europa hat besonders in diesem Jahrhundert die Antwort gegeben, indem es alles daransetzte, um sich eben dieses Babylons zu entledigen. Europa ist zwar nicht allein dafür verantwortlich, daß in den vergangenen fünf Jahrhunderten etwa tausend Sprachen von der Erdoberfläche verschwunden sind und daß in hundert Jahren von den 6000 noch existierenden Sprachen weitere 3000 verschwunden sein werden, wie der neueste *Atlas of the World's Languages*[15] schätzt, aber es dreht kräftig mit an der Maschine der globalen

Ökonomie, die wirtschaftlich nutzlosen Relikten wie Regional- und Stammessprachen beschleunigt den Garaus macht. Was dieses Europa von seinem eigenen Babylon gehalten hat, das läßt sich, und das ist nur ein winziger Ausschnitt, an seinen Trümmern in Lemberg, Drohobycz, Czernowitz oder Brody ablesen. Manche Mauern sind zwar stehengeblieben, wie die des Czernowitzer Jüdischen Hauses, aber die Geister einer Sprachkonferenz haben sie längst verlassen. In Ivan Franko wird nicht der polyglotte Gelehrte verehrt, sondern der Retter des nationalen Erbes.

Um ein Gefühl für das zu bekommen, was da einmal gelebt haben könnte zwischen den Mauern des europäischen Babel, muß man heute schon über den Atlantik reisen. Odessa-on-Sea heißt in der Umgangssprache der New Yorker Stadtteil Brighton Beach, in dem sich die russisch-jüdische Emigration angesiedelt hat und sich im Sommer mit der Menge schwarzer und hispanischer Familien vermischt, die den populären Badestrand aufsuchen. Das Gefühl, das dort aufkommt, heftet sich an eine Fiktion, eine Fiktion jedoch, die nicht allein von Nostalgie genährt wird. Was sich aus dem zerstörten europäischen Babel hinüberrettete, hat dort kein Abbild des alten entstehen lassen, doch etwas davon scheint deshalb weiterzuleben, weil es vom Strom neuer Migrationen mitgerissen und angesteckt wird. Es gibt auch dort ein Nicht-mehr: Jiddisch ist vom Boulevard Saint-Laurent in Montréal verschwunden, doch nicht um der musealen Leere Platz zu machen. Portugiesisch ist an seine Stelle getreten, vermischt mit anderen Sprachen. Allein die Zusammensetzung der jüdischen Gemeinde hat sich durch die Ankunft vieler Sepharden aus Nordafrika erheblich verändert. Wenn das alles auch nicht New Lemberg hervorbringt, so regeneriert sich ständig etwas und hält das Bewußtsein von der Präsenz anderer Sprachen am Leben, ohne das es kein Begreifen des, wie Édouard Glissant sagt, »chaos-monde« gibt, das auf uns zukommt.

Le trafic des langues, zu übersetzen etwa als »Der Deal der Sprachen«, hat die Montréaler Autorin Sherry Simon ihr jüngstes Buch über »Übersetzung und Kultur in der Literatur Québecs« überschrieben. Auf meine Frage, ob sich ihr Name englisch oder französisch ausspräche, antwortete die zweisprachige Universitätsdozentin: ganz wie Sie wollen. Eine Antwort, die in einem strikt einsprachigen Land undenkbar wäre, die aber eben etwas von der Marktsphäre wiedergibt, an der ihrer Analyse zufolge auch die Sprachen teilhaben: »Die Sprache, die geschichtlich an die Definition der Kulturen gebunden ist, verläßt die Ökonomie der Konservierung und tritt in die Sphäre des Austauschs und der Aneignung ein. Als Symbol der Zugehörigkeit nimmt sie an den neuen Prozessen des kulturellen Aushandelns und der kulturellen Neudefinition teil. Der zunehmend heterogene Charakter der Bevölkerungen, die dieselbe Sprache benützen, läßt den Begriff der Sprachgemeinschaft verschwimmen. Wo fängt eine Sprache an und wo endet sie? Wo sind die äußersten Grenzen einer Kultur zu suchen?«[16] Solche Fragen werden sich eines Tages vielleicht auch in einer Reihe europäischer Länder stellen, in denen die Immigration die überlieferte Identifikation von Sprache und Herkunft langsam annagt, doch einstweilen sind ihre Gesellschaften nicht darauf vorbereitet, so etwas überhaupt zu denken.

In Québec, meint Sherry Simon, ist man geistig eher auf einen Markt der Sprachen eingestellt, denn die Literatur dieser Region am Rande des anglophonen nordamerikanischen Kontinents hat sich in der Auseinandersetzung mit dem dominierenden Englisch herausgebildet und zudem in jüngerer Zeit den Konflikt zwischen dem gesprochenen Québecer Französisch und dem Hochfranzösischen aufgenommen. (Das Drama *Les Belles Soeurs* von Michel Tremblay, eines der beliebtesten Stücke der zeitgenössischen Literatur, hat die »joual« genannte Montréaler Mundart in nicht-folkloristischer Absicht auf die Bühne gebracht. Für Franzosen nicht ohne weiteres verständlich, wurde das Stück seinem Sprachstand entsprechend nicht in Standard-englisch, sondern in schottisches Englisch und ins Jiddische übersetzt). Doch dieses Québec ist deshalb noch keine *terre promise* nordamerikanischer Kreolität. In der ersten Hälfte des Jahrhunderts häufig von einem katholisch unterfütterten und antisemitisch raunenden Kulturnationalismus heimgesucht, hat das Land auch heute noch Schwierigkeiten, das in seinem Innern entstandene und danach auf kanadisch-gewissenhafte Weise umhegte Literaturbabel zu akzeptieren.

Im Jahr 1993 wurde der angesehene »Preis des Generalgouverneurs« von Kanada der aus Calgary stammenden Autorin Nancy Houston zugesprochen, und zwar in der Sparte »französischer Roman«. Die anglophon aufgewachsene Nancy Houston schreibt nämlich seit ihrer Niederlassung in Paris in den sechziger Jahren in französischer Sprache. Gegen diese Juryentscheidung liefen in Québec eine Reihe von Verlegern und Journalisten Sturm; daran gewöhnt, daß eine oder einer der ihren aus der frankophonen Provinz Québec den Preis für französische Literatur erhält, argumentierten sie, Nancy Houstons Familiensaga *Cantique des Plaines*[17] sei gar kein Originaltext, sondern eine Übersetzung. Nancy Houston macht keinen Hehl daraus, daß sie eine erste Version des Romans in englischer Sprache verfaßt hat; die Rückkehr zur Sprache ihrer Kindheit in Alberta war für sie ein Experiment, so wie es für Georges-Arthur Goldschmidt ein Experiment gewesen ist, mit seiner Erzählung *Die Absonderung* nach Jahrzehnten des Schreibens in französischer Sprache den Rückgriff auf die Sprache seiner Hamburger Kindheit zu wagen. Die englische Version hat die Autorin dann als Rohfassung betrachtet, auf deren Grundlage sie den französischen Roman *Cantique des Plaines* zu Papier brachte. Anhand der inzwischen publizierten englischen Version *Plainsong*[18] läßt sich leicht feststellen, daß es sich bei dem französischen Text nicht um eine Übersetzung handelt, sondern um ein anderes Buch. Wenn ich ein gedrucktes Buch lese, interessiert mich, ob mir das Buch, so wie es in Satz gegeben wurde, gefällt oder nicht, und nicht, was für Rohfassungen vorher angefertigt worden waren. Für den bodenständigen Québecer Literaturnationalismus allerdings zählt nur das Originale, das zudem aus dem Territorium hervorgegangen ist, eine Verarbeitung ist bereits eine Tarnung.

Gegen solchen Rückfall in bekannte europäische Nationalunsitten protestierten sogleich verschiedene Schriftsteller und Übersetzer, unter ihnen Régine Robin, die das hinter der Attacke gegen Nancy Huston steckende Denkmuster herausarbeitete: »Es geht um die Unfähigkeit, die Nichtübereinstimmung mit sich selbst, die Nichtübereinstimmung von Territorium, Kultur, Sprache und den vielfältigen Komponenten der Identität zu denken. Es gibt nur das Eine; die Heteronomie ist ausgeblendet, ja nicht einmal ins Bewußtsein gerückt ... Was soll man da mit Pessoa anfangen, der ganz allein, verteilt auf mehrere Personen, die ganze portugiesische Moderne erfindet und der erotische Gedichte nur auf englisch, seiner zweiten Sprache, zu schreiben vermag?«[19]

Am Ende des Spaziergangs zwischen den Trümmern von Babel hier und den kleinen babylonischen Baustellen dort, bei deren Anblick mir Zweifel kommen, ob davon ein Anhalten des weltweiten Sprachenschwunds ausgehen kann, möchte ich anstelle eines Resümees eine auf ihre Weise aufregend tröstliche Vision der Kabbala mitteilen, so wie George Steiner sie wiedergibt: »Aber die Kabbala weiß von einer noch viel esoterischeren Möglichkeit. Sie bewahrt die Erinnerung an eine sicherlich von ketzerischen Träumern angestellte Vermutung, daß dereinst ein Tag kommen wird, an dem Übersetzen nicht nur überflüssig, sondern unvorstellbar ist. An diesem Tag erheben sich die Wörter gegen den Menschen. Sie befreien sich aus der Sklaverei der Bedeutung. Sie ›werden nur sie selbst sein, und wie leblose Steine in unserem Mund‹. In jedem dieser beiden Fälle werden

Männer und Frauen für immer von der Last wie vom Glanz der babylonischen Ruinen befreit sein. Im welchem aber, das ist die Frage, herrscht tieferes Schweigen?«[20]

Anmerkungen

Einladung zum Zeitstrandbummel

1 Paris (Gallimard) 1990. Das Zitat ist vom Autor übersetzt, wie alle weiteren englischen und französischen Zitate, falls in den Anmerkungen nicht anders angegeben.
2 »Martinique, Guadeloupe, Haiti«, in: *Das Auge des Ethnographen*, Frankfurt am Main (Syndikat) 1978, S. 96.
3 Karl-Markus Gauß und Martin Pollack, *Das reiche Land der armen Leute*, Literarische Wanderungen durch Galizien, Wien (Jugend & Volk) 1992.
4 »Die weißen Städte«, in: *Romane, Erzählungen, Aufsätze*, Köln (Kiepenheuer & Witsch) 1964, S. 514.
5 »Wenn ich an einige Autoren denke, kann ich vermuten, daß Literatur stets aus sprachverunsicherten Zonen kommt: Horváth, Brod, Saiko, Perutz und Soyfer sind nur einige Beispiele.« Helmut Eisendle, »Sprachgebrauch und Weltanschauung«, *Wespennest* Nr. 93, S. 56.
6 »Rasse und Kultur« in: *Der Blick aus der Ferne*, Frankfurt am Main (Fischer-Bücherei) 1993, S. 51.
7 »Engagement«, in: *Noten zur Literatur III*, Frankfurt am Main (Suhrkamp) 1965, S. 109.
8 »Meine jüdischen Bekannten«, in: *Beiträge zur Geschichte und Kultur der Ukraine*, Berlin (Akademie Verlag) 1963, S. 54.

Sprachen sind Nutten

1 Arthur Holitscher, *Amerika heute und morgen*, Berlin (S. Fischer) 1912, S. 112 f.
2 Unter Mithilfe von Nina Warnke aus dem Französischen und Jiddischen übersetzt nach: Jacob Isaac Segal, *Poèmes Yiddish*, zweisprachige Ausgabe mit einer Einführung von Pierre Anctil, Montréal (Éditions Noirot), 1992, S. 120. – Zu der Montréaler jiddischen Dichtergruppe gehörte auch die aus Weißrußland stammende Ida Maze und die aus Galizien stammende Rachel Korn, die den Zweiten Weltkrieg in Usbekistan überlebt hatte und 1949 nach Montréal emigrierte. Siehe *Found treasures, Stories by yiddish women writers*, hg. v. Frieda Forman, Ethel Raicus, Sarah Silberstein Swartz und Margie Wolfe, Toronto (Second Story Press) 1994.

3 Antonio D'Alfonso, *Avril ou l'anti-passion*, Montréal 1990, S. 201.
4 *Avril ou l'anti-passion*, S. 180.
5 Jean Forest, *Le mur de Berlin*, P. Q., Montréal (Le Quinze) 1983, S. 16.
6 Jacques Brault, *La poussière du chemin*, Montréal (Boréal) 1989, S. 212.
7 *Le Devoir*, Montréal, 19. 10. 1994.
8 Sherry Simon et al., *Fictions de l'identitaire au Québec*, Montréal (Éditions XYZ), 1991, S. 15.
9 Bertolt Brecht, *Gesammelte Werke*, Frankfurt am Main (Suhrkamp), 1967, Bd. 14, S. 1476.
10 André Belleau, *Surprendre les voix*, essais, Montréal (Boréal), 1986, S. 119.
11 Der französische General, der in der Schlacht gegen den britischen Befehlshaber James Wolfe unterlag.
12 *Surprendre les voix*, S. 118.
13 Neil Bissoondath, *Selling illusions. The cult of multiculturalism in Canada.* Toronto (Penguin) 1994, S. 197. Von Bissoondath liegt auf deutsch vor: *Casaquemada oder die Insel der Gewalt*, Roman. Aus dem Englischen von Irene Rumler, Stuttgart (Klett-Cotta) 1992.
14 Umberto Eco, *Die Suche nach der vollkommenen Sprache*, München (Hanser) 1994, S. 355.

Kanadische Diamanten

1 Zit. nach: Jacques Cartier, *Voyages en Nouvelle-France*, Texte remis en français moderne par Robert Lahaise et Marie Couturier, Cahiers du Québec, Montréal (Hurtubise) 1977, S. 56 f.
2 In: *Collected Poems*, New York (Hill & Wang) 1992, S. 306.
3 Zit. nach Stephen Greenblatt, *Wunderbare Besitztümer*, Berlin (Wagenbach) 1994, S. 160.
4 Laut einer Dokumentation der Zeitung *Le Devoir*, Montréal, 20. 6. 1993.
5 Arthur Holitscher, *Amerika heute und morgen*, Berlin (S. Fischer) 1912, S. 206.
6 Jean Baudrillard, *Amerika*, München (Matthes & Seitz) 1987, S. 109.
7 Hubert Aquin, *Blocs erratiques*, Montréal (Boréal) 1977, S. 179.
8 Régine Robin, *La Québécoite*, Montréal (Typo) 1993, S. 66.

1 Wörtlich übersetzt: Die Trauer um die Herkunft. *Le deuil de l'origine. Une langue en trop, la langue en moins.* Paris (Presse Universitaires de Vincennes) 1993.

2 Régine Robin, *Le cheval blanc de Lénine*, Bruxelles (Éditions Complexe) 1979, S. 13.

3 *Le cheval blanc de Lénine*, S. 137.

4 Im Titel *La Ouébécoite* steckt ein unübersetzbares Wortspiel: durch Austausch von s gegen t hat sich »la Québecoise«, die Québecerin, in »la Québecoite«, die »Québec-Stumme« verwandelt.

5 Régine Robin, »Speak Watt«, *Spirale*, Montréal avril 1993.

6 *L'amour du yiddish, Écriture juive et sentiment de la langue*, Paris (Sorbier) 1984, S. 28.

7 Régine Robin, *Kafka*, Paris (Belfond) 1989, S. 28.

8 *Kafka*, S. 54.

9 *Kafka*, S. 50.

10 *Le deuil de l'origine*, S. 261.

11 *Le Naufrage du Siècle* suivi de *Le Cheval blanc de Lénine ou l'Histoire autre*, Paris/Montréal (Berg International/XYZ) 1995.

12 *Le Naufrage du Siècle*, S. 30.

13 »Entre l'enfermement communautaire et le désastre individualiste«, in: *Montréal, l'invention juive*, Montréal (Université de Montréal) 1991, S. 23 f.

Stadt des Sprachenstreits

1 Ferdinand Kürnberger, »Don Juan von Kolomea«, in: Leopold von Sacher-Masoch, *Mondnacht*, Erzählungen. Berlin (Rütten & Loening) 1991, S. 437.

2 Katalog: *In der Sprache der Mörder. Eine Literatur aus Czernowitz, Bukowina*, hg. v. Ernest Wichner und Herbert Wiesner, Berlin (Literaturhaus) 1993.

3 Ansprache anläßlich der Entgegennahme des Literaturpreises der Freien Hansestadt Bremen, in: Paul Celan, Gesammelte Werke, Bd. III, Frankfurt am Main (Suhrkamp) 1986, S. 185.

4 Sander L. Gilman, *Jüdischer Selbsthaß*, Frankfurt am Main (Jüdischer Verlag) 1993, S. 280.

5 Siehe Joshua A. Fishman, *Ideology, society and language. The odyssey of Nathan Birnbaum*. Ann Arbor (Karoma Publishers) 1987.

6 Ivan Franko, *Beiträge zur Geschichte und Kultur der Ukraine*. Ausgewählte deutsche Schriften des revolutionären Demokraten 1882–1915, Berlin (Akademie Verlag) 1963, S. 9f.

7 Fishman, a.a.O., S. 49.

8 Autor der 1915 in Wien erschienenen Arbeit *Die Entstehungsursache der jüdischen Dialekte*. Neudruck Hamburg (Helmut Buske) 1979.

9 Régine Robin, *L'amour du yiddish*, Paris (Sorbier) 1984, S. 125.

10 Robin, a.a.O., S. 126.

11 Fishman, a.a.O., S. 55.

12 Fishman, a.a.O., S. 34.

13 Franz Kafka, *Tagebücher*, Frankfurt am Main (S. Fischer) 1967, S. 173. – Jizchak Löwy war der jiddische Schauspieler, mit dem Kafka sich 1911 angefreundet hatte. Siehe Klaus Wagenbach, *Franz Kafka, Bilder aus seinem Leben*, Berlin (Wagenbach) 1983, S. 118f.

14 Fishman, a.a.O., S. 65.

15 Israel Chalfen, *Paul Celan. Eine Biographie seiner Jugend*, Frankfurt am Main (Insel) 1979, S. 102f.

16 Gesammelte Werke I, S. 249f.

17 Frankfurt am Main (S. Fischer) 1991.

Unter den Bäumen von Drohobycz

1 Tagebuch Felix Landaus, zit. nach »*Schöne Zeiten*«. *Judenmord aus der Sicht der Täter und Gaffer*, hg. v. Ernst Klee, Willi Dreßen, Volker Rieß, Frankfurt am Main (S. Fischer) 1988, S. 90 f.

2 »*Schöne Zeiten*«, S. 95. Landau wurde nach 1945 in Österreich festgenommen, konnte nach Westdeutschland entkommen und lebte bis Ende der fünfziger Jahre unbehelligt als Kleinunternehmer bei Nördlingen. 1963 wurde er vom Landgericht Stuttgart zu lebenslanger Haft verurteilt.

3 »Bericht vom Untergang«, *Die Zeit*, 29. 10. 1993.

4 *Reise in Polen*, München (dtv) 1987, S. 230.

5 »Meine jüdischen Bekannten«, in: Ivan Franko, a.a.O., S.54.

6 Witold Gombrowicz, *Polnische Erinnerungen*, München (Hanser) 1985, S. 134.

7 Bruno Schulz, *Die Zimtläden*, München (Hanser) 1962, S. 166f.

8 Bruno Schulz, *Die Wirklichkeit ist Schatten des Wortes*, Aufsätze und Briefe, hg. von Jerzy Ficowski, München (Hanser) 1992, S. 153.

9 Gedichte von Deborah Vogel, in jiddischer Form Dwojre Fogel, sind jetzt zugänglich in der Anthologie: *In a Schtodt woss starbt. In einer Stadt, die stirbt.* Jiddische Lyrik aus Wien, hg. und übersetzt von Gabriele Kohlbauer-Fritz, Wien (Picus) 1995.

10 *Die Wirklichkeit ist Schatten des Wortes*, S. 153.

11 Zusammengestellt wurde diese Liste nach den Personenangaben, die Jerzy Ficowski für seine Schulzausgabe zusammengetragen hat: Bruno Schulz, *Die Wirklichkeit ist Schatten des Wortes*. Aufsätze und Briefe, München (Hanser) 1992.

Der Westen des Ostens

1 Tamara Deutscher hat diese Aufzeichnung Isaac Deutschers in ihrem Aufsatz »Die Erziehung eines jüdischen Kindes« überliefert, in: Isaac Deutscher, *Der nichtjüdische Jude*, Berlin (Rotbuch) 1988, S. 175.

2 Soma Morgenstern, *Joseph Roths Flucht und Ende*, Erinnerungen, Lüneburg (zu Klampen) 1994, S. 7.

3 Isaak Babel, *Tagebuch 1920*, Berlin (Friedenauer Presse) 1990, S. 79.

4 An dieses Kapitel ethnischer Säuberung nach dem Zweiten Weltkrieg erinnert man sich offenbar auch im postkommunistischen Polen nicht gern: siehe Helga Hirsch, »Nach dem Haß das Schweigen«, *Die Zeit*, 16. 4. 1993.

5 Ludwig Wittgenstein, *Briefwechsel*, hg. v. B. F. McGuinness und G. H. von Wright, Frankfurt am Main (Suhrkamp) 1980, S. 64 f.

6 *Briefwechsel*, S. 190 f, S. 206 f.

7 deutsch: *Die Brüder Maschber*, Berlin (Ullstein) 1990.

8 In: Ivan Franko, *Beiträge zur Geschichte und Kultur der Ukraine*, Berlin (Akademie Verlag) 1963, S. 138.

9 Laut dem autobiographischen Bericht, den Franko 1909 an die Redaktion von Herders Konversations-Lexikon geschickt hat. In: Franko, a.a.o., S. 35.

10 Siehe Rudolf A. Mark, »Polnische Bastion und ukrainisches Piemont, Lemberg 1772 – 1921«, in: *Lemberg-Lwów-Lviv. Eine Stadt im Schnittpunkt europäischer Kulturen*, hg. v. Peter Fäßler, Thomas Held und Dirk Sawitzki, Köln-Weimar-Wien (Böhlau) 1993, S. 58.

11 Alfred Döblin, *Reise in Polen*, München (dtv) 1987, S. 198.

12 Isaak Babel, *Die Reiterarmee*, Darmstadt (Luchterhand) 1980, S. 48 f.

Sprachfetisch

1 Benjamin Lee Whorf, *Denken, Sprache, Wirklichkeit*. Beiträge zur Metalinguistik und Sprachphilosophie, hg. v. Peter Krausser, Reinbek (Rowohlt) 1963, S. 75.

2 Whorf, a.a.O., S. 103.

3 Whorf, a.a.O., S. 40.

4 Whorf, a.a.O., S. 42.

5 Friedrich Nietzsche, *Werke in zwei Bänden*, Bd.II, München (Hanser) 1967, S. 339.

6 Whorf, a.a.O., S. 12 f.

7 Zit. nach Umberto Eco, *Die Suche* ..., S. 117.

8 »Gibt es überhaupt serbische Alternativen?« in: *Europa im Krieg*, hg. v. Willi Winkler, Frankfurt am Main (Suhrkamp) 1992, S. 73 f.

9 Zit. n.: Maurice Olender, *Les langues du paradis*, Paris (Seuil) 1989, S. 19.

10 Johann Georg Hamann, *Sämtliche Werke*, hg. v. Josef Nadler, Wien 1950, Bd. 2, S. 122.

11 »Die Teutsche Sprache«, in: *Barock*. Die deutsche Literatur, Texte und Zeugnisse, Bd. III, hg. v. Albrecht Schöne, München (Beck) 1993, S. 25.

12 Gesammelte Werke, Bd. VII, Berlin 1852, S. 42.

13 »Eine Frage der Sprache« in: *Liber*, europäisches Büchermagazin, Nr. 1, Göttingen 1993.

14 Siehe Sander L. Gilman, *Jüdischer Selbsthaß*, Frankfurt am Main (Jüdischer Verlag) 1993, S. 121.

15 Zit. n. Gilman, a.a.O., S. 129.

16 Yann Daniel, *Les chemins de la Belle, Aragon 1936–Galicie 1942*, Quimperlé (Digitale) 1990, S. 132.

17 Gespräch mit Lise Gauvin (Montréal) in: *Littératures*. Édition spéciale du Carrefour des littératures européennes de Strasbourg, Strasbourg 1993, S. 12.

18 Whorf, a.a.O., S. 101.

19 Walter Benjamin, *Gesammelte Werke*, Werkausgabe Bd. IV.1, Frankfurt am Main (Suhrkamp) 1980, S. 13 f.

20 In: *Hochzeitsvorbereitungen auf dem Lande und andere Prosa aus dem Nachlaß*, hg. v. Max Brod, Frankfurt am Main (S. Fischer) 19911, S. 308.

21 Whorf, a.a.O., S. 45.

1 »Das Gesetz«, in: *Sämtliche Erzählungen*, Frankfurt am Main (S. Fischer) 1963, S. 648.
2 Siehe Maurice Olender, *Les langues du paradis*, Paris (Seuil) 1989.
3 *Apokryphen*, Frankfurt am Main (Insel) 1966, S. 103.
4 Heinrich Heine, *Sämtliche Schriften*, Ullstein Werkausgaben, Bd. 1, Frankfurt-Berlin-Wien (Ullstein) 1981, S. 498.
5 *Die gerettete Zunge*, Frankfurt am Main (S. Fischer) 1979, S. 38.
6 Siehe Imre Kertész, *Mensch ohne Schicksal*, Berlin (Rütten & Loening) 1990, S. 69.
7 »Lingua Sancta, Babylon«, in: *Lettre International*, Berlin, Frühj. 1994, S. 33.
8 Claudio Magris, *Donau. Biographie eines Flusses*, München (dtv) 1991, S. 345.
9 *Muzal, ein georgischer Roman*, Frankfurt an Main (Insel) 1991; *Das böse Kapitel*. Erstes Buch des Romanzyklus *Die große Korrektur*, Berlin (Rütten & Loening) 1991; *Kapitän Wakusch. Erstes Buch: In Deuxiland*. Autobiographischer Roman, Konstanz (Südverlag) 1991; *Kapitän Wakusch. Zweites Buch: Sachsenhäuschen*. Autobiographischer Roman, Konstanz (Südverlag) 1992; *Der ungeworfene Handschuh. Ontotextologische Versuche*, Berlin (Rütten & Loening) 1992.
10 *The achievement of Josef Skvorecky*, hg. v. Sam Solecki, Toronto (University of Toronto Press) 1994, S. 13.
11 Theodor W. Adorno, *Noten zur Literatur*, Frankfurt am Main (Suhrkamp) 1981, S. 98.
12 Übers. nach: Joseph Roth, *Briefe*, Köln (Kiepenheuer & Witsch) 1970, S. 336.
13 Siehe George Steiner, *Nach Babel*, Frankfurt am Main (Suhrkamp) 1981, S. 136.
14 Eduard Engel, *Geschichte der deutschen Literatur*, 8. Aufl., Bd. I, Wien-Leipzig (Tempsky-Freytag) 1910, S. 1.
15 Hg. v. Christopher Moseley und R. E. Asher, London 1994.
16 Sherry Simon, *Le trafic des langues*. Traduction et culture dans la littérature québécoise, Montréal (Boréal) 1994, S. 29.
17 (»Hohelied der Ebenen« zu deutsch), Arles (Actes-Sud) 1993.
18 Toronto (Harper Collins) 1993.
19 »Speak Watt«, in: *Spirale*, April 1994, Montréal, S. 3.
20 George Steiner, *Nach Babel*, Frankfurt am Main (Suhrkamp) 1981, S. 435.

Lizenzausgabe für die Büchergilde Gutenberg
Frankfurt am Main und Wien
mit freundlicher Genehmigung des
Verlages Antje Kunstmann GmbH, München 1995
Umschlaggestaltung: Eckard Warminski, Büdingen
Satz: Amann, Aichstetten
Druck & Bindung: Pustet, Regensburg
Printed in Germany · ISBN 3-7632-4538-3